W0179482

Mosaik bei
GOLDMANN

Buch

Wie berechne ich Essen und Getränke? Wie lade ich korrekt ein? Und wie viele Gäste kann ich einladen? Maja Schulze-Lackner gibt Antwort auf alle Fragen. Vom kleinen Beisammensein bis zum großen Fest bietet dieses Buch wertvolle Unterstützung beim Planen, Vorbereiten und Feiern verschiedenster Anlässe. So wird jede Party zum Erfolg, vom kleinen Picknick bis zum exquisiten Brunch – und der Gastgeber kann entspannt mitfeiern. Mit viele tollen Rezepten, die garantiert gelingen.

Autorin

Maja Schulze-Lackner ist Lifestyle-Expertin und Gastgeberin aus Leidenschaft. Sie weiß, worauf es bei einer gelungenen Party ankommt, und gibt ihre Erfahrungen und Tipps gerne weiter. In Modekreisen ist sie als »Maja of Munich« bekannt. Sie war viele Jahre Lifestyle-Expertin in der TM3-Nachmittagssendung »Leben und Wohnen«.

Mehr über die Autorin unter www.schulze-lackner.de

Maja Schulze-Lackner

Die perfekte Party

Planen, einladen, vorbereiten, genießen

Mosaik bei
GOLDMANN

FSC

Mix
Produktgruppe aus vorbildlich
bewirtschafteten Wäldern und
anderen kontrollierten Herkünften

Zert.-Nr. SGS-COC-1940
www.fsc.org
© 1996 Forest Stewardship Council

Verlagsgruppe Random House FSC-DEU-0100
Das für dieses Buch verwendete FSC-zertifizierte Papier *Munken Print*
liefert Arctic Paper Munkedals AB, Schweden

1. Auflage
Originalausgabe Oktober 2008
© 2008 Wilhelm Goldmann Verlag, München,
in der Verlagsgruppe Random House GmbH
Umschlaggestaltung: Design Team München
Umschlagfoto: Getty Images/Johner, Petra Stadler
Redaktion: Manuela Knetsch
Illustrationen: Maja Schulze-Lackner
Satz: Uhl + Massopust, Aalen
Druck und Bindung: GGP Media GmbH, Pößneck
CH · Herstellung: IH
Printed in Germany
ISBN 978-3-442-17022-7

www.mosaik-goldmann.de

Inhalt

Einleitung   7
1 Tipps, die für jede Einladung gelten   9
Einladen   9
Organisieren. 11

2 Geschirr, Besteck & Co 18
Tische decken und dekorieren 18
Auswahl von Gläsern und Geschirr 21

3 Einladungen für zwischendurch und »einfach so« 25
Einladung »auf einen Drink« 25
Cocktailparty. 31
Cocktail Prolongé 46
Party mit Tanz. 66
Fernsehabend mit Freunden. 70
Bottle Party 72
Brunch 74
Kaffeeklatsch 86
Einladung zum Fünf-Uhr-Tee. 92

4 Einladungen im kleinen Kreis 99
Romantisches Diner zu zweit 99

Ein Essen für vier bis zehn Personen............... 112

Spaghettiparty.................................. 127

Lady's Lunch................................... 149

5 **Einladungen für bestimmte Jahreszeiten und zu besonderen Anlässen**.......................... 162

Suppenparty 162

Gartenparty.................................... 170

Picknick im Grünen............................. 189

Picknick im Schnee 197

Osterfrühstück 213

Adventskaffee.................................. 220

Es gibt eine Weihnachtsgans! 229

Opa wird 80!................................... 236

6 **Was soll ich bloß mitbringen** 243

7 **»Goldene Regeln« für Gastgeber und Gäste** 246

10 goldene Regeln für die Gastgeber 246

10 goldene Regeln für die Gäste 248

Sachregister.................................. 250

Rezeptregister 253

Einleitung

Sie wollen eine Party geben und wissen nicht, wie Sie es angehen sollen, oder trauen sich einfach nicht? Da kann ich Ihnen helfen! Mit ein paar einfachen Tricks und Tipps wird jede Einladung ein Erfolg, egal wie groß Ihre Wohnung, Ihr Haus, Ihr Garten oder Balkon ist. Auf die Mischung der Gäste kommt es an und nicht darauf, ob Ihre Einrichtung elegant oder das Porzellan edel ist. Auch das Essen muss nicht teuer sein. Kochen Sie doch mal selbst! Sie werden hier Rezepte finden, die kinderleicht nachzukochen sind. Wenn Sie nicht kochen können oder absolut keine Zeit oder Lust dazu haben, gibt es drei Möglichkeiten:

Erstens: Nehmen Sie sich einen Caterer. Wichtig dabei ist, dass Sie das, was Sie bestellen, vorher Probe essen, sonst kann es eine böse Überraschung geben.

Zweitens: Kaufen Sie in einem guten Feinkostladen vorgekochte Gerichte ein und wärmen Sie diese nur zu Hause auf. Auch Vorspeisen und Desserts gibt es dort. Sollten Sie auf die Idee kommen, Ihren Gästen weiszumachen, dass Sie das alles selbst zubereitet haben, lassen Sie vorher die Verpackungen verschwinden. Gott, oh Gott, ist das sonst peinlich! Erinnerst du dich, Gaby?

Drittens: Bitten Sie jeden Gast etwas mitzubringen. Jeder Mensch kennt ein Gericht (und wenn er einen Räucherlachs kauft!). Diese Möglichkeit ist nicht nur für den Gastgeber von Vorteil, sondern auch für den Gast. Der hat nämlich das Problem vom Hals, sich über ein Mitbringsel Gedanken zu machen. Ein Dessert, Fleischpflanzerl oder ein Eintopf ist außerdem billiger und wesentlich origineller als irgendein Geschenk, das man oft nicht gebrauchen kann.

Ich werde Ihnen in diesem Buch Tipps geben, wie man einlädt, den Tisch deckt und zu welchen Gelegenheiten man welches Essen und welche Getränke anbietet. Außerdem erfahren Sie, ab wann man Hilfe braucht und wie man sich welche organisiert.

Noch ein Wort zu den Rezepten in diesem Buch. Es gibt kaum eines ohne Knoblauch. Das liegt daran, dass mein Mann und ich und fast alle unsere Freunde Knoblauch lieben. Aber natürlich können Sie ihn immer weglassen, er ist kein absolutes Muss! Auch wird Ihnen auffallen, dass ich sehr oft mit gekörnter Brühe würze. Wenn Sie bisher noch nicht damit gekocht haben, probieren Sie es doch einfach mal aus. Ich jedenfalls kann gar nicht mehr ohne!

»Also ran an die Buletten«, wie der Berliner sagt, oder
»Auf geht's«, wie bei uns in Bayern.

Tipps, die für jede Einladung gelten

Einladen

Wenn Sie mehr als sechs Gäste einladen, notieren Sie sich die Namen auf einen Zettel und haken Sie die, die zugesagt haben, ab. Zu einem Drink oder einem kleinen, informellen Abendessen bis zu zehn Personen können Sie telefonisch, per Fax oder auch per E-Mail einladen. Zu einem offiziellen Anlass, wenn Sie Ihren Chef, Geschäftsfreunde oder auch zu einer großer Cocktailparty einladen, empfiehlt es sich, dies schriftlich zu tun.

Jedes gute Schreibwarengeschäft hat vorgedruckte Einladungskarten. Eleganter ist es allerdings, zu einem solchen Anlass eigene Karten mit Ihrem Namen und Ihrer Adresse drucken zu lassen (ein Muster finden Sie auf Seite 10). Das lohnt sich, wenn Sie öfter große Einladungen planen. Sollte ein paar Tage vor der Einladung noch kein Haken hinter einem oder mehreren Namen sein, rufen Sie noch einmal an und fragen, ob die Person nun kommt oder nicht. Es kann passieren, dass die Post verloren geht oder der Gast schlicht vergessen hat, zu- oder abzusagen. Wer zu einem gesetzten Essen zusagt und dann nicht erscheint, fliegt bei mir von der Gästeliste. Da bin ich rigoros!

Franz und Inge Münkberg
bitten

Karl und Rita Frisch

zu _Suben mit Bratkartoffeln_

am _Freitag, den 19. März_ um _20_ Uhr

U.A.w.g bis
Tel. 089/658143   *München*
Fax 089/658144   *Carlistr. 2*

So sieht eine korrekte Einladung aus. Wenn Sie bestimmte Wünsche wegen der Kleidung haben, schreiben Sie unter die Faxnummer entweder: Dresscode leger, Tracht oder Smoking (bei Smoking weiß jeder, dass es sich um eine sehr große Einladung handelt), oder was immer Sie meinen, wie Ihre Gäste erscheinen sollen. Vergessen Sie nie, bei U.A.w.g. (das heißt: Um Antwort wird gebeten) einen Termin bis eine Woche vor dem Anlass anzugeben, damit Sie wissen, mit wie vielen Gästen Sie rechnen können. Wenn Sie sehr gute Freunde einladen, können Sie nur die Vornamen hinschreiben, den Namen des Mannes zuerst, und Ihre Nachnamen oben auf der Einladung durchstreichen. Wenn der Gast einen Titel hat, gehört er vor den Namen. Schreiben Sie Wochentag und Monat aus, damit es nicht zu Missverständnissen kommt.

Organisieren

Bad und, falls vorhanden, Gästetoilette müssen sauber sein und Seife, ausreichend Toilettenpapier und Gästehandtücher bereitliegen. Wenn Sie wollen, dass Ihre Gäste nicht Ihr Bad, sondern nur die Gästetoilette benutzen, schließen Sie das Badezimmer ab oder hängen Sie ein »Besetzt«-Schild an die Türklinke.

In den folgenden Kapiteln werde ich Ihnen sagen, wann Sie es allein schaffen und ab wie viele Personen Sie eine Hilfe brauchen. Sie wollen doch etwas von Ihren Gästen haben und nicht den ganzen Abend in der Küche stehen oder Geschirr wegräumen und den herrlichen Klatsch verpassen, bei dem gerade schallend gelacht wird.

Wie organisiert man sich Hilfe? Fragen Sie die Tochter Ihrer Freundin, ob sie sich nicht ein paar Euro verdienen will, oder rufen Sie, wenn eine Uni in der Nähe ist, den Studentendienst an. Ungeübtem Personal muss man nur genau sagen, was zu tun ist, beispielsweise Gläser abräumen und abspülen, Aschenbecher ausleeren und leer gegessene Platten in die Küche tragen und abwaschen. Wenn alle Stricke reißen, engagieren Sie eine professionelle Serviererin.

Bei jeder Einladung, zu der etwas zu essen gereicht wird, braucht man Servietten. Bei einem Drink oder einer großen Cocktailparty reichen Papierservietten. Zu einem gesetzten Essen sollten sie aber aus Stoff sein. Glauben Sie mir, das macht Eindruck! Kaufen Sie sich welche bei Ihrem nächsten Italienurlaub auf dem Markt (sie kosten dort fast nichts) oder in einem Kaufhaus, auch da gibt es sie in allen Variationen und absolut erschwinglich. Stoffservietten sind einfach zu waschen und zu bügeln und halten ewig. Auf Dauer sind sie wesentlich billiger als Papierservietten.

Sind Sie berufstätig und müssen alles allein machen? Dann fangen Sie rechtzeitig mit den Vorbereitungen an. Kaufen Sie schon zwei Tage vorher die Getränke und nicht verderbliche Lebensmittel ein. Decken Sie bereits am Abend vorher den Tisch und stellen Sie Gläser und Aschenbecher bereit.

Checkliste und Notizen

Machen Sie sich eine Checkliste, die Sie ein paar Stunden, bevor die Gäste kommen, abhaken. Das gilt für jede Art der Einladung. Sind die Getränke kalt gestellt, ist die Toilette sauber, ist für die Garderobe gesorgt, liegen Servietten, Flaschenöffner, Aschenbecher und Korkenzieher bereit, ist der Ofen vorgeheizt für die eventuell aufzuwärmenden Speisen? Kommt die angeheuerte Bedienung auch wirklich? Rufen Sie sie vorsichtshalber noch einmal an, möglichst einige Stunden vorher, um – falls nötig – noch Ersatz zu besorgen.

Tipp

Kerzen machen ein wunderbares Licht und lassen viele Frauen schöner aussehen, als sie sind. Aber bitte nur am Abend verwenden, nie zu einem Mittagessen!

Wenn Sie öfter Einladungen geben, legen Sie sich ein Gastgeberbuch zu. Ich habe damit angefangen, als mich mal eine Freundin fragte, ob ich nur ein Gericht kochen könne. Bei mir gäbe es ja immer dasselbe. Ich war entsetzt, wo ich doch so gut kochen kann! Sie hatte tatsächlich immer Huhn in Weißwein bekommen. Seitdem notiere ich mir das Datum, welche Gäste da waren, wo sie gesessen haben und was es zu essen gab. Außerdem, was ich anhatte. Sonst fragt mich womöglich noch einmal jemand, ob ich nur das eine Kleid besitze!! Unter »Notes« notiere ich, wenn etwas Besonderes passiert ist, wie »Ini hat mit Karl, dem Mann von Helga, unverschämt geflirtet, darf sie das nächste Mal nicht neben ihn setzen« oder »Paul hat zu ordinäre Witze erzählt, er war kaum zu bremsen, werde ihn eine Weile nicht einladen.«

Die Zeichnung von Seite 14 und 15 können Sie kopieren oder einscannen und auf einem DIN-A-4 Blatt beidseitig ausdrucken. Wenn Sie keinen Scanner haben, lassen Sie es sich in einem Kopiergeschäft kopieren. Das beschriftete Blatt stecke ich dann zusammen mit den Fotos, die ich immer gern mache, in eine Klarsichthülle und hefte es in ein Ringbuch.

Seien Sie immer zehn bis fünfzehn Minuten, bevor Sie Ihre Gäste erwarten, fertig. Man darf Ihnen auf keinen Fall ansehen, dass Sie sich für die lieben Freunde halb totgearbeitet haben!

PLAN DE LA TABLE

DEJEÛNER/DINER du

Menu   *Invités*

Vins

Fleurs

Toilette de l'Hôtesse

Notes

PLAN DE LA TABLE

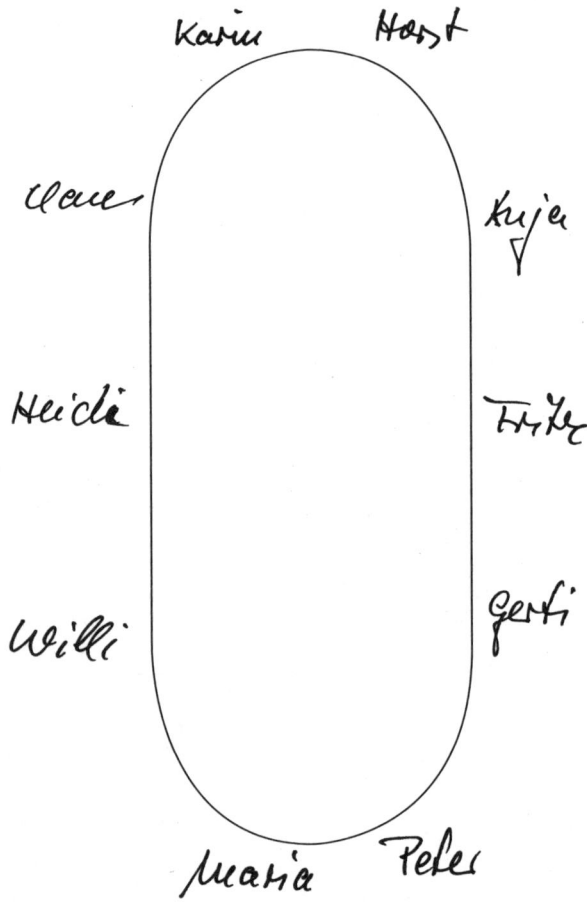

DEJEUNER/DINER du *8. 3. 81*

Menu

Schinken mit
Melone
Königsberger
Klopse
Erdbeeren mit
Sahne u. Eis
Käse

Vins

Weißwein

Invités

Karin und Peter Sauer
Horst und Maria Eder
Claus + Anja Förster
Heidi Maier
Fritz Hansen
Willi und Gerti
Meißler

Fleurs

Tulpen von Willi +
Gerti

Toilette de l'Hôtesse schwarz/weiße Hose, schwarzes Top

Notes

Ein sehr gelungener Abend!
müssen wir wiederholen.

Geschirr, Besteck & Co

Tische decken und dekorieren

Es gibt verschiedene Möglichkeiten, einen Tisch zu decken. Hat der Tisch eine schöne Holz- oder Marmorplatte, können Sie entweder ein Set oder einen Vorlegeteller unter jeden Teller legen oder diesen auch direkt auf die Tischplatte stellen. Bei empfindlichem Material empfiehlt es sich, heiße Schüsseln und auch die Gläser auf Untersetzer zu stellen, um hässliche Ränder zu vermeiden.

Erscheint Ihnen Ihr Tisch nicht schön genug für diese Variante, benutzen Sie ein Tischtuch – wenn nötig eins, das bis zum Boden reicht, um die eventuell hässlichen Tischbeine zu verdecken. Bei den Farben sind Ihrer Fantasie keine Grenzen gesetzt. Weiß ist immer schön und auch festlich, aber wenn Sie weißes Geschirr haben, sieht Dunkelrot oder Flaschengrün toll aus, und natürlich geht auch eine bunte Tischdecke. Wenn möglich, sollten die Servietten (natürlich aus Stoff!!) die gleiche Farbe haben. Aber Weiß geht immer.

Stellen Sie auf den Teller für das Hauptgericht den Suppen- oder Vorspeisenteller. Links davon die Gabel, rechts erst das Messer, dann den Suppenlöffel. Käsebesteck und Dessertlöffel an den oberen Rand des Tellers (siehe Zeichnung Seite 20).

Es gibt verschiedene Arten von Menüs und Speisefolgen, und manchmal hat man einen Wald von Messern, Gabeln und Löffeln vor sich und weiß nicht, was man wozu benutzen soll. Generell gilt die einfache Regel: Man verwendet das Besteck von außen nach innen.

Die Serviette liegt entweder links vom Teller oder darauf. Wenn Sie Zeit und Lust haben, aus Ihren Servietten kleine Kunstwerke zu machen, finden Sie die Anleitung dazu auf Seite 22. Ich persönlich überlasse das den Azubis in den Restaurants und lege sie nur zu einer Rhombenform zusammen.

Rechts oben an den Rand des Tellers gehören die Gläser – ein Wein-, ein Wasser- und eventuell ein Schnapsglas. Links davon, wenn Sie das entsprechende Geschirr haben und vor allem genug Platz auf Ihrem Tisch, ein Butterteller mit einem kleinen Buttermesser. Ich persönlich habe weder genug Platz noch besitze ich Butterteller. Also, Sie sehen, es geht auch prima ohne!

Tipp

Vergessen Sie Salz und Pfeffer nicht. Kaum ein Gast wagt danach zu fragen, weil er befürchtet, die Köchin zu beleidigen. Ich sage schon zu Beginn des Essens zu meinen Gästen: »Hier sind Salz, Pfeffer und Maggi«, und habe dafür schon viele dankbare Blicke geerntet.

Was nun noch fehlt, ist das Tüpfelchen auf dem i: die Tischdekoration. Denn vergessen Sie nicht, das Auge isst mit. Stellen Sie Blumen und Kerzen auf den Tisch, aber nicht zu hoch, damit sich die sich gegenübersitzenden Gäste noch sehen können. Wenn Sie wie ich das Essen nie servieren lassen, nehmen Sie den Blumenschmuck herunter, nachdem die Gäste Platz genommen haben, damit die Platten und Schüsseln in der Mitte des Tisches Platz haben.

Der gedeckte Tisch

Auswahl von Gläsern und Geschirr

Nun zu den Gläsern. Grundsätzlich gilt: Trinkgefäße müssen aus Glas und dürfen nicht aus Pappe oder Plastik sein. Nichts finde ich schrecklicher, als Wein aus einem Plastikbecher zu trinken. Nun hat nicht jeder den Platz oder die Mittel, sich für jedes Getränk die passenden Gläser anzuschaffen. Deshalb empfehle ich für den Anfang, sich eine Grundausstattung zuzulegen, bestehend aus zwölf Universalweingläsern, zwölf hohen, geraden Gläsern für Wasser, Longdrinks und Bier und zwölf Schnapsgläsern, aus denen man auch Port oder Sherry trinken kann.

Diese Gläser gibt es bei Ikea in schönen Formen für einen Spottpreis, und sie haben auch noch den Vorteil, dass sie spülmaschinenfest sind. Ich verrate Ihnen jetzt etwas: Meine teuren Riedel-Gläser, von denen nach jedem Essen mindestens eins kaputt ist, hole ich nur noch aus dem Schrank, wenn unser Freund Hanns-Peter seinen Château Lafitte in der Doppelmagnumflasche mitbringt.

Wenn Sie erst einmal Spaß daran gefunden haben, Gastgeber zu ein, können Sie Ihren Gläserbestand ja aufstocken. Die Zeichnungen auf Seite 24 zeigen Ihnen, welches Glas man für welches Getränk benutzt, wenn man ganz pingelig ist. Aber wie gesagt, es ist wirklich nicht nötig, Sherry nun unbedingt in Sherrygläsern zu servieren. Wie eine Freundin von mir aus dem Hochadel einmal so treffend sagte: »Wir sind doch nicht bei Königs!«

Servietten falten

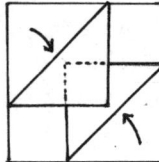

Rhombe

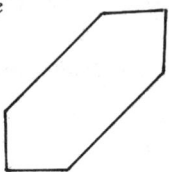

Mütze

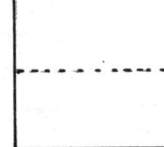

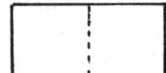

Tafelspitz

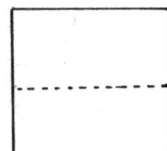
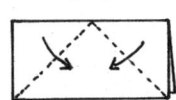

Grundausstattung für Anfänger

Wenn Sie öfter Einladungen zu Hause geben wollen, wozu mein Buch Sie animieren soll, brauchen Sie folgende Grundausstattung an Geschirr und Besteck:

- 6–12 Suppenteller
- 6–12 große flache Teller
- 6–12 Tassen mit Untertassen und Frühstückstellern (die Teller kann man auch für die Vorspeise oder das Dessert nehmen)
- 1 Kaffee- und eine Teekanne
- 1 Sahne- oder Milchkännchen
- 1 Zuckertopf
- 2 ovale oder eckige Platten
- 2–3 Schüsseln für Kartoffeln, Reis und Beilagen
- 1 Salatschüssel
- 1 Sauciere
- 1 Suppenterrine
- 1 Käsebrett
- 1 Brotkorb
- Salz- und Pfefferstreuer
- 6–12 Teelöffel
- Je 6–12 große Esslöffel, Messer und Gabeln
- Je 6–12 kleine Messer und Gabeln für Käse und Obst (zur Not gehen aber auch die großen)
- 1 Schöpfkelle
- 1 Salatbesteck
- 2–3 Vorlegelöffel

Natürlich ist es schön, für Fisch ein Fischbesteck zu haben, aber mit einem normalen Besteck schmeckt der Fisch auch!

Gläser für:

Pils — Bier — Weißbier — Wasser u. Longdrinks

Schnaps — Cognac — Whisky — Bowle

Weißwein — Bordeaux — Burgunder — Portwein — Likör

Sekt — Champagner — Cocktail — Dessertwein — Sherry

> **Tipp**
> Kaufen Sie sich ein Geschirr, das Sie immer nachkaufen können, es geht öfter mal etwas zu Bruch.

Einladungen für zwischendurch und »einfach so«

Einladung »auf einen Drink«

Die Vorbereitung

Sie haben Freunde in der Stadt getroffen, die Sie lange nicht gesehen haben. »Kommt doch Samstag Abend auf einen Drink bei mir vorbei, so um 18 Uhr«, haben Sie spontan gesagt. »Anschließend können wir ins Kino oder zum Essen gehen.« Dann fällt Ihnen ein, dass Ingrid, Ihre beste Freundin, Ihnen längst ihren neuen Freund vorstellen wollte und Elke, die gerade von ihrem Mann verlassen wurde, etwas Abwechslung braucht. Im Nu sind es 12 oder sogar 14 Personen (oder noch mehr? Sie haben es sich nicht aufgeschrieben – in Zukunft sollten Sie das tun!) und geraten in Panik. »Ich habe doch nur eine Eineinhalb-Zimmer-Wohnung, Hilfe!«

Alles kein Problem. Platz ist in der kleinsten Hütte. Keine Ahnung, woher dieser Spruch kommt, aber glauben Sie mir – er stimmt.

Bei einer Einladung zu einem Drink müssen und sollen auch nicht alle sitzen. Jeder soll sich mit jedem unterhalten, denn wenn sich die Gäste erst einmal irgendwo niedergelassen haben, bleiben sie hocken. Ich habe da meine Erfahrungen! Räumen Sie Möbel, die nicht unbedingt gebraucht werden, aus dem Weg. Wenn Sie einen Balkon haben, beziehen Sie ihn mit ein, es sei denn, das Thermometer zeigt Minusgrade an. Auch in der Küche kann man einen Drink nehmen.

Was sollten Sie anbieten?

Getränke

Da man nie genau weiß, wer was und wie viel trinkt, ist es sinnvoll, eine Auswahl von Getränken dazuhaben. Kaufen Sie Prosecco, Weißwein, Rotwein, eine Flasche Wodka, eine Flasche Campari, Tonic und Bitter Lemon, ein paar Flaschen Bier und viel Wasser. Es wird neuerdings sehr viel davon getrunken.

Für die Longdrinks Wodka-Tonic und Campari-Soda schneiden Sie eine Zitrone in Scheiben, die Sie noch einmal vierteln. Außerdem brauchen Sie dazu Eis aus dem Eisfach. Es ist sinnvoll, am Tag vorher schon etwas davon zu produzieren.

Sicher wird nicht alles getrunken. Aber die alkoholischen Getränke verderben ja nicht. Sie müssen nur gut verschlossen sein, dann können sie bei der nächsten Einladung wieder angeboten werden. Bis auf den offenen Wein, den trinken Sie am besten in den nächsten Tagen vor dem Fernseher aus.

Tipp

Die Getränke (bis auf den Rotwein) müssen gut gekühlt sein. Im Winter eignet sich dafür der Balkon. Wenn es warm ist, kaufen Sie Trockeneis, füllen es in die Badewanne und legen die Flaschen darauf.

Essen

Verteilen Sie überall im Zimmer kleine Schalen mit Erd- und Cashewnüssen oder Käsestangen. Rühren Sie einen Quarkdip **oder** eine Guacamole an (Rezepte siehe unten), füllen Sie diese in kleine Schüsseln, und stellen Sie Kräcker zum Eintauchen daneben. Beide Dips sind köstlich und sehr sättigend.

Kaufen Sie im Supermarkt fertigen Zwiebelkuchen, den Sie, wenn alle Gäste da sind, in den Ofen schieben. Wenn er fertig ist, schneiden Sie ihn in etwa 4 x 6 cm große Stücke, legen Sie diese auf eine Platte und stellen Sie sie auf den Tisch. Rechnen Sie pro Gast nicht mehr als 4–5 Stücke.

Tipp

Bereiten Sie nicht zu viel zu essen vor. Ihre Gäste vergessen Restaurant und Kino und gehen nicht mehr. Irgendwann fallen sie dann betrunken über Ihren Kühlschrank her. Habe ich alles schon erlebt! Eine Einladung zu einem Drink zu Hause sollte aber nicht länger als zwei Stunden dauern.

Als Alternative zu dem oben genannten Zwiebelkuchen können Sie Folgendes anbieten:

Mini-Wiener-Würstchen – einfach heiß machen und auf einem Tablett mit Zahnstochern, Senf und Ketchup servieren. Pro Person rechnen Sie etwa 6–8 Stück.

Mini-Pizzen – können Sie tiefgekühlt kaufen und in den Ofen schieben, wenn Ihre Gäste da sind. Sie sind köstlich und werden gern gegessen. Rechnen Sie pro Gast 4–5 Stück.

Es wird ernst!

Richten Sie, bevor die Gäste kommen, alles so her, dass Sie nach deren Ankunft so wenig Arbeit wie möglich haben. Stellen Sie auf einen Tisch oder eine Kommode Gläser, Wodka, Campari, Zitronenscheiben, Rotwein und Eisstücke, und legen Sie Servietten für das Essen bereit. Den ersten Drink machen Sie oder Ihr Mann, danach bitten Sie die Gäste, sich selbst zu bedienen.

Der Weißwein muss kalt sein, also öffnen Sie vor Ankunft der Gäste einige Flaschen, und legen Sie sie in den Kühlschrank oder auf das Eis in der Wanne. Danach ist jede leere Flasche sofort durch eine frische, gekühlte zu ersetzen.

Sollten Sie noch Raucher in Ihrem Bekanntenkreis haben, stellen Sie Aschenbecher auf.

Wenn es kalt ist, machen Sie die Betten und räumen Sie das Schlafzimmer auf. Wo wollen Sie sonst mit der Garderobe der Gäste hin? Ich kenne keine kleine Wohnung (wenn ich es richtig bedenke, eigentlich nicht mal eine große!!), in der es einen Garderobenschrank für zehn oder noch mehr Wintermäntel gibt!

Was auch immer Sie zu essen anbieten – es muss fertig vorbereitet sein, wenn die Gäste kommen, sonst geraten Sie in Stress. Schnittchen auf große Teller oder Platten im Zimmer verteilen, jeder kann sich selbst bedienen. Und seien Sie zehn Minuten, bevor der Erste klingelt, bereit, Ihre Freunde mit einem strahlenden Lächeln zu empfangen.

Wenn Sie alles so wie vorgeschlagen vorbereitet haben, brauchen Sie für bis zu zwanzig Gäste keine Hilfe.

Rezepte für die Dips

Quarkdip
Für 10 Personen
Zubereitungszeit: ca. 20 Minuten

1 große Zwiebel oder 4 Schalotten
2 Knoblauchzehen (nach Belieben)
1 Bund Petersilie
1 Bund Schnittlauch
1 Bund Dill
1 kg Quark
1/2 Becher süße Sahne oder 1 Tasse Milch
Salz und Pfeffer

Zwiebel, Knoblauch und Kräuter klein hacken, mit dem Quark und der Sahne gut vermischen und mit Pfeffer und Salz abschmecken. Er muss eine sahnige Konsistenz haben. Wenn die Masse zu fest ist, geben Sie noch etwas Sahne oder Milch dazu.

Guacamole

Für 10 Personen
Zubereitungszeit: ca. 20 Minuten

1 reife Avocado
Saft einer halben Zitrone
2 Knoblauchzehen
1 rote frische Peperoni oder ein paar Tropfen Tabasco (wenn Sie
es scharf haben wollen)
1 Zweig frischer Koriander (muss nicht unbedingt sein)
200 g fettarmer Joghurt
Salz und fein gemahlener Pfeffer oder 1 TL Lemon Pepper
(wenn Sie ihn im Haus haben)

Avocado schälen, entkernen und in Würfel schneiden. Sofort mit
dem Zitronensaft beträufeln, damit die Avocado nicht braun
wird. Knoblauch schälen, Peperoni und Koriander klein schneiden. Alles in einem Mixer oder mit einem Mixstab zu Mus verrühren. Nach und nach den Joghurt zugeben – manchmal reicht
auch die Hälfte der angegebenen Menge. Die Creme soll nicht zu
flüssig werden. Mit Salz und Pfeffer abschmecken.

Dazu reichen Sie Tortilla-Chips. Die gibt es in jedem Supermarkt.

Cocktailparty

Grundsätzliches

Ein Cocktailparty ist eigentlich nichts Anderes als eine Einladung auf einen Drink zu sich nach Hause, es klingt nur schicker. Allerdings bedeutet es für den Gastgeber etwas mehr Vorbereitungsaufwand als ein locker ausgesprochenes »Kommt doch morgen mal auf einen Drink vorbei«. Eine Cocktailparty, auch kurz »Cocktail« genannt, hat mehrere Vorteile, vor allem, wenn man viel eingeladen ist und sich aus beruflichen, zeitlichen oder was auch immer für Gründen nicht mit mehreren kleinen Einladungen revanchieren kann.

Erstens: Die Anzahl der Gäste ist nicht auf die vorhandenen Sitzgelegenheiten beschränkt. Außer Opa und Oma oder der Erbtante Frieda, die immer dabei sein will, muss keiner sitzen.

Zweitens: Sie sind auf einen Schlag alle Einladungsverpflichtungen los.

Drittens: Ein »Cocktail« ist zeitlich begrenzt. Man lädt offiziell entweder von 18–20 Uhr oder von 19–21 Uhr ein. Um 22 Uhr sollten alle Gäste gegangen sein. Notorischen Hockenbleibern (meistens kennt man seine Pappenheimer) sagt man vorsichtshalber schon vorher: »Wir haben für 22 Uhr einen Tisch beim Italiener bestellt, Ihr kommt doch mit?« Wenn sie dann immer noch nicht gehen, muss man leider deutlicher werden. Sie verstehen schon!

Viertens: Mischen Sie die Gäste, laden Sie Jung und Alt zusammen ein, Freunde, Bekannte und Kollegen. Bei dieser Art Party müssen Sie auch keine Rücksicht darauf nehmen, ob Ihr intellektueller Freund Egon, der immer so schwierig ist, sich amüsiert, oder ob Fritz und Gerhard gerade furchtbar zerstritten sind oder Elke womöglich auf ihren Mann trifft, der sie vor einiger Zeit verlassen hat (man sollte diese Personen nur vorwarnen; wenn dann eine von beiden nicht kommen will, ist das ihr Problem).

Wie bereits erwähnt, bei einem »Cocktail« sitzt man nicht, außer man hat gerade eine Meniskusoperation oder Ähnliches hinter sich oder ist steinalt. Man läuft herum und geht dem aus dem Weg, dem man nicht begegnen will. Ansonsten redet jeder mit jedem, und Sie werden sehen, auch Egon wird einen netten Menschen finden, der seinen manchmal etwas langatmigen Geschichten interessiert zuhört.

Ich kann Ihnen nur sagen, ich liebe Cocktailpartys. Man trifft meistens alte Freunde, die man ewig nicht gesehen hat, und lernt oft interessante Menschen kennen. Als wir sehr jung waren, lud uns eine ältere Freundin zu einer Cocktailparty ein. »Es kommen aber fast nur Intellektuelle«, sagte sie. Ich war ein bisschen beleidigt. Was sollte das denn heißen? Wir gingen trotzdem hin. Nach kurzer Zeit hatte ich einen Herrn an meiner Seite, einen berühmten Hegelforscher, der sich fast den ganzen Abend mit mir unterhielt. Ich erfuhr einiges über Hegel, und er fragte ganz interessiert, was ich denn so mache. Ich war entzückt und meine intellektuelle Freundin sichtlich erstaunt. Sie sehen, man kann, ja, man muss die Gäste mischen!

Ist Ihre Wohnung klein, aber Sie haben dafür einen Balkon, eine Terrasse oder einen Garten, legen Sie den Termin in den Sommer. Dann ist der Zahl Ihrer Gäste keine Grenze gesetzt. Ansonsten rechnen Sie pro Gast einen Quadratmeter. Ich höre förmlich Ihren Entsetzensschrei! »Das ist unmöglich, das geht doch nicht!« Glauben Sie mir, es geht. Ich habe es ausprobiert. Erstens kommen die Gäste nicht alle auf einmal, denn bei einem

»Cocktail« muss man nicht unbedingt pünktlich sein. Es herrscht meistens ein Kommen und Gehen. Außerdem kann man damit rechnen, das etwa zehn Prozent der Eingeladenen nicht erscheinen. Bei einem Cocktail kurzfristig abzusagen oder womöglich gar nicht aufzutauchen, ist lange nicht so gravierend wie bei einem gesetzten Essen.

Wie laden Sie ein?

Machen Sie als Erstes eine Liste von den Leuten, die Sie einladen wollen. Nummerieren Sie diese, das erspart Ihnen das ständige Nachzählen! Fragen Sie zuerst bei denen nach, die Ihnen am wichtigsten sind, ob ihnen der von Ihnen geplante Termin passt. So kann die Feier eventuell noch um einige Tage verschoben werden. Allerdings habe ich eins im Laufe der Jahre gelernt: Man bekommt nie alle unter einen Hut!

Tipp

Die besten Tage für eine Cocktailparty sind Dienstag, Mittwoch und Donnerstag, da viele Leute am Wochenende verreisen. Die Hamburger im Sommer ans Meer, die Bayern im Winter zum Skifahren. Wenn Sie allerdings nur am Wochenende Zeit haben, werden Ihre Freunde darauf Rücksicht nehmen und auf ihren Ausflug gern verzichten.

Sie können telefonisch, per Fax oder E-Mail einladen. Aber am einfachsten und, wie ich finde, am elegantesten ist eine schriftliche Einladung (siehe hierzu Seite 10).

Zu einem »Cocktail« sollten Sie zwei bis drei Wochen vorher einladen. Bitten Sie auf jeden Fall um eine Zu- oder Absage bis fünf Tage vor der Party. Kommen viele Absagen, können Sie getrost noch ein paar Leute kurzfristig telefonisch einladen.

Tipp

Wenn der eine oder andere überhaupt nicht auf Ihre Einladung reagiert, rufen Sie ein paar Tage vorher dort an, und fragen Sie nach, ob man die Einladung nicht erhalten oder vergessen hat zu- oder abzusagen. Sobald Sie wissen, mit wie vielen Gästen zu rechnen ist, können Sie mit den Vorbereitungen beginnen.

Mit Caterer

Die einfachste Art, einen »Cocktail« zu geben, ist die, einen Caterer zu beauftragen. Der nimmt Ihnen fast alles ab, bringt Geschirr, Gläser, Servietten und eventuell Stehtische, Garderobenständer und das nötige Personal mit – überhaupt alles, was für den Abend benötigt wird. Sie müssen nichts weiter tun, als rechtzeitig mit ihm den Termin zu besprechen und sich Vorschläge für Getränke und die anzubietenden Häppchen oder das Fingerfood machen zu lassen. Jeder versierte Caterer wird Sie dabei richtig gut beraten.

Tipp

Bestehen Sie auf einem verbindlichen Kostenvoranschlag. Darauf müssen alle anfallenden Kosten stehen, auch die für das Personal. Vereinbaren Sie, dass die Getränke nach Flaschen abgerechnet werden. Jede angebrochene Flasche muss von Ihnen bezahlt und deshalb auch dagelassen werden. Deshalb zählen Sie leere und auch angebrochene Flaschen nach der Party mit dem Caterer oder einem seiner Leute, und lassen Sie sich die Menge abzeichnen.

Wenn die Gäste gegangen sind, verschwindet das Catererpersonal mit dem dreckigen Geschirr und den Gläsern, und es sollte auch die Küche in einem ordentlichen Zustand zurücklassen.

Zwei Tage vor dem Cocktail geben Sie dem Caterer die Anzahl der zu erwartenden Gäste durch, da das Essen auf dem Kostenvoranschlag immer pro Person berechnet ist. Ich empfehle Ihnen, bei der Anzahl der Personen immer 20 Prozent abzuziehen. Das heißt, wenn Sie 50 Gäste erwarten, bestellen Sie nur für 40 Personen. Glauben Sie mir, das Essen reicht in jedem Fall!!

Ohne Caterer

Sie können oder wollen gar keinen Caterer beauftragen, sondern alles allein machen? Kein Problem, ich mache es immer selbst, und das mit großem Vergnügen. Mit den folgenden Tipps und Rezeptvorschlägen (Sie können auch einige Rezepte aus den anderen Kapiteln übernehmen) schaffen Sie das spielend, ohne in Stress zu geraten. Sie werden auch nicht mit den Nerven fertig sein, wenn die Gäste kommen, auch wenn Sie berufstätig sind. Alles, was ich Ihnen vorschlage, können Sie in der Mittagspause oder abends nach der Arbeit erledigen. Machen Sie sich danach einen Plan und haken Sie ab, was Sie erledigt haben.

Die Vorbereitungen

Beginnen Sie rechtzeitig mit den Vorbereitungen. Wenn Sie nicht genug Platten und Gläser haben, leihen Sie sich schon einige Tage vorher das Benötigte bei einer Freundin oder Nachbarin oder in einem Geschirrverleih. Machen Sie sich eine Liste mit den Dingen, die Sie zu essen anbieten wollen. Wenn Sie wissen, mit wie vielen Gästen Sie rechnen müssen, suchen Sie sich aus den Rezepten in diesem Kapitel einige heraus und rechnen Sie hoch, wie viel Sie benötigen.

Wie viele Gäste kommen?

Wenn Sie mehr als 20 Personen erwarten, brauchen Sie unbedingt Hilfe, sonst haben Sie nichts von Ihren Gästen und geraten nur in Stress. Im Kapitel »Tipps, die für jede Einladung gelten« (Seite 11) finden Sie Anregungen, wie man sich Hilfe organisiert und auf was man achten muss, wenn diese keine gelernten Kräfte sind. Rechnen Sie ab 20 Gästen eine, ab 25 zwei, bei 35 drei Personen usw., die Ihnen zur Hand gehen.

Findet die Party zu einer kalten Jahreszeit oder bei Regen statt, brauchen Sie Platz für die Garderobe oder nasse Schirme. Für diese stellen Sie einen Schirmständer oder hohen Papierkorb vor die Tür. Für die Mäntel organisieren Sie sich am besten einen Kleiderständer und -bügel.

Nicht professionelle Hilfen wie die Kinder Ihrer Freunde oder

Studenten sollten einheitlich angezogen sein. Entweder in Weiß oder in Schwarz. Jeder junge Mensch hat ein T-Shirt und eine Jeans in der Farbe. Das sollte also kein Problem sein. Wenn sie ihre Arbeit gut machen, werden sie von den Gästen zusätzlich ein Trinkgeld erhalten.

Aber vergessen Sie nicht, teilen Sie die Aufgaben Ihrer Gehilfen genau ein. Ungefähr so: Karin nimmt die Mäntel ab und spült später die benutzten Gläser. Max reicht die Tabletts rum, leert volle Aschenbecher aus, trägt benutzte Gläser in die Küche und ersetzt leere Weinflaschen durch volle.

Tipp

Junge Menschen, die sich zu ihrem Taschengeld etwas dazuverdienen, sind für jeden Euro dankbar. Manche Gäste wissen nicht, dass ein Trinkgeld für das Personal eigentlich zum guten Ton gehört. Bei professionellem Personal bleibt es jedem Gast überlassen, ob er etwas für sie dalässt (üblich sind fünf bis zehn Euro.) Wenn aber die eigenen Kinder oder die von Freunden fleißig helfen, bitten Sie vorher eine Freundin, die Gäste zu animieren, ein paar Euro herauszurücken. Ich habe das einmal bei einer sehr wohlhabenden Freundin, deren Kinder geholfen haben, gemacht und damit deren Herz gewonnen.

Der Countdown

Drei Tage vorher kaufen Sie die Getränke ein. Beschränken Sie sich bei mehr als 20 Personen auf Bier, Weißwein, Rotwein, Prosecco und viel Wasser. Haben Sie von allem genug im Haus, und vereinbaren Sie mit Ihrem Getränkehändler, nicht angebrochene Flaschen zurückzugeben.

Tipp

Sollten Sie einen weißen oder beigen Teppich oder in hellen Farben bezogene Möbel haben, lassen Sie den Rotwein weg. Er macht Flecken, die nie wieder rausgehen.

Zwei Tage vorher richten Sie die Wohnung her. Räumen Sie unnötige Möbel weg, bereiten Sie auf einer Kommode oder einem Tisch an der Wand eine Bar mit Gläsern vor, legen Sie Servietten, Korkenzieher und Flaschenöffner bereit.

Einen Tag vorher kaufen Sie das Essen ein. Vergessen Sie nicht, Ihre Liste mitzunehmen! Und denken Sie daran, machen Sie nicht zu viel, ein Cocktail ist eine Einladung zu einem Drink mit Snacks, keine Party zum Sattessen.

Am Tag der Party nehmen Sie sich eine halben Tag frei, es sei denn, es ist ein Wochenende. Bitten Sie Ihren Mann oder eine Freundin, Ihnen zu helfen. Zusammen machen die Vorbereitungen mehr Spaß.

> **Tipp**
>
> Versuchen Sie zu Beginn der Party in der Nähe der Tür zu bleiben, um die Gäste zu begrüßen und die, die sich nicht kennen, einander vorzustellen. Manchmal, wenn sehr viele auf einmal kommen oder die Bude schon voll ist, ist man als Gastgeber damit ein wenig überfordert. Das sollte jeder verstehen, sich einfach unter die Gäste mischen und sich selbst vorstellen. Das funktioniert, glauben Sie mir! Sie müssen sich nur trauen! Ich habe auf die Art schon die interessantesten Menschen kennengelernt und neue Freunde gefunden.

Versuchen Sie eine Stunde, bevor Ihre Gäste kommen, mit allem fertig zu sein und auch die Checkliste abgehakt zu haben (siehe Kapitel »Tipps, die für jede Einladung gelten«, Seite 12). Dann haben Sie genug Zeit, um zu duschen, sich anzuziehen und hübsch zurechtzumachen.

Wenn Sie fertig sind, zünden Sie die Kerzen an, nehmen Sie einen Drink mit Ihrem Mann und freuen Sie sich auf Ihre Gäste.

Rezeptvorschläge für die Cocktailparty

Kanapees aus Vollkornbrot oder Toastscheiben

Für 10 Personen
Vorbereitungszeit für 60 Stück: ca. 1,5 Stunden

Pro Person rechnen Sie 1,5 Scheiben Toast oder Vollkornbrot, das ergibt 6 Häppchen. Für 10 Personen brauchen Sie also 15 Scheiben, zum Beispiel 8 vom Vollkornbrot und 7 Scheiben Toast, das ergibt 60 kleine Häppchen. Es reicht, glauben Sie mir!

Bei dem Belag sind Ihrer Fantasie keine Grenzen gesetzt. Vom Vollkornbrot den Rand abschneiden, vierteln, mit Schmalz bestreichen und darauf eine dünne Scheibe Harzer Käse legen. Oder die Brotstücke buttern und mit Leberwurst, Schnittlauch oder Schinken belegen.

Von den Toastscheiben den Rand abschneiden, vierteln, buttern und mit Räucherlachs belegen oder mit einem Weichkäse, mit Pastete oder Mettwurst bestreichen.

Kastanien mit Hackepeter

Für 10 Personen
Zubereitungszeit für 30 Stück: ca. 20 Minuten

Fragen Sie bei Ihrem Bäcker, ob er Kastanien hat (das sind kleine Laugensemmeln, die wie Kastanien aussehen) oder wo Sie sie bekommen können – man muss sie meistens vorbestellen.

Kaufen Sie beim Metzger frisch durchgedrehtes Schweinefleisch (rechnen Sie pro Kastanie ca. 15–20 Gramm)

1 Zwiebel
1 Bund Petersilie
300 g Hackepeter
Salz und grober schwarzer Pfeffer
30 Kastanien
Butter

Zwiebel und Petersilie klein hacken, mit dem Fleisch vermischen und mit Salz und Pfeffer abschmecken. Kastanie aufschneiden, leicht buttern und mit dem angemachten Fleisch belegen. Wieder zuklappen. Sieht toll aus!!

Bananen und Ananas im Speckmantel

Für 10 Personen
Vorbereitungszeit (mit Braten): ca. 30 Minuten

$^1/_2$ Ananas
4 feste, nicht zu reife Bananen
Zitronensaft
weißer, feiner Pfeffer
fein geschnittener Frühstücksspeck
   (gibt es abgepackt als Bacon)
hölzerne Zahnstocher

Ananas in etwa 2 cm dicke Scheiben schneiden, schälen und den Strunk entfernen. Dann in 2 cm große Stücke würfeln, pfeffern und zugedeckt kalt stellen (kann man schon Stunden vor Beginn der Einladung machen).

Bananen erst 1 Stunde vor dem Servieren schälen (sie werden sonst braun), in etwa 2 cm große Stücke schneiden, mit Zitronensaft beträufeln und pfeffern. Nun die Fruchtstücke mit dem Speck umwickeln und mit einem Zahnstocher feststecken. Je nach Größe der Speckscheiben reicht meist die Hälfte für ein Fruchtstück.

Zum Servieren die Speckfrüchte in eine kalte, beschichtete Pfanne legen und bei mittlerer Hitze 3–4 Minuten braten. Warm oder auch kalt servieren. Das Gleiche können Sie auch mit eingelegten Pflaumen machen.

Salatröllchen mit Braten

Für 10 Personen
Zubereitungszeit: ca. 40 Minuten

5 Pflaumen
6 Lauchzwiebeln
500 g Frischkäse
Salz und Pfeffer
30 Blätter vom Kopfsalat
30 fein geschnittene Scheiben kalter Braten
hölzerne Zahnstocher

Pflaumen waschen, entsteinen, in Streifen schneiden, Lauchzwiebeln putzen und in dünne Ringe schneiden. Den Käse mit den Pflaumen und Zwiebeln vermischen, mit Salz und Pfeffer abschmecken. Die Salatblätter waschen und trocken tupfen, dann auslegen und erst eine Bratenscheibe, dann die Käsemasse darauf streichen und einrollen. Mit dem Zahnstocher zusammenstecken. Die Röllchen an den Enden gerade schneiden. Dazu scharfe Chilichicken- oder Sojasauce als Dip servieren.

Specktaschen

Für 10 Personen
Vorbereitungszeit: ca. 35 Minuten

250 g geräucherter, durchwachsener Bauchspeck
   (in Bayern »Wammerl«)
2 mittelgroße Zwiebeln
2 EL Butterschmalz oder Margarine
1 Paket Blätterteig
1 Eigelb

Die Schwarte vom Speck entfernen. Speck und Zwiebeln sehr klein schneiden und mit dem Fett in einer Pfanne etwa 10 Minuten braten. Den Blätterteig ausrollen, etwa 8 x 8 cm große Stücke ausschneiden. Diese mit einem Esslöffel des ausgebratenen Specks belegen, zu einem Dreieck zuklappen und mit dem Eigelb bestreichen. Auf einem Blech im vorgeheizten Ofen 20 Minuten backen.

Tipp

Die Speckschwarte können Sie aufheben und im nächsten Eintopf für den Geschmack mitkochen.

Tatar auf Kartoffelchips

Für 10 Personen
Zubereitungszeit: ca. 15 Minuten

300 g Tatar (frisch durchgedrehtes, mageres Rindfleisch)
1 Eigelb
1 mittelgroße Zwiebel
1 TL scharfer Senf
2 EL Kapern
2 EL sehr klein gehackte Sardellenfilets
Salz und Pfeffer
1–2 Tüten Kartoffelchips

Das Fleisch mit den Zutaten vermischen, mit Salz und Pfeffer abschmecken. Von den Kartoffelchips die heraussuchen, die wie kleine Förmchen aussehen. Auf einer Platte nebeneinander auslegen und kurz vor dem Servieren mit etwa $1/2$ TL Tatar füllen. Das sieht toll aus und schmeckt köstlich.

Cocktail Prolongé

Was ist ein Cocktail Prolongé?

Ein Cocktail Prolongé ist eine Cocktailparty mit einem anschlie-
ßenden Buffet (*prolongé* ist Französisch und heißt »verlängert«).
Es beginnt wie ein Cocktail um 19 Uhr und endet gegen Mitternacht oder auch etwas später. Erst werden Drinks, Kanapees, Fingerfood oder kleine Snacks gereicht (wie im Kapitel »Cocktailparty« auf Seite 40 ff. beschrieben) und gegen 21 Uhr dann ein
warmes oder kaltes Buffet eröffnet, bei dem sich die Gäste selbst
bedienen.

Das Buffet können Sie auf dem Esstisch oder auch in Ihrer
Küche aufbauen, je nachdem, was Ihr Haus oder Ihre Wohnung
an Platz bietet. Die Gerichte stellt man folgendermaßen auf: Man
beginnt an einem Ende mit den Vorspeisen, in die Mitte kommen die Hauptgerichte und daneben die Desserts und dann der
Käse. Wenn das Buffet groß genug ist, stellen Sie auch die Teller
und Bestecke darauf und legen die Servietten dazu. Wenn nicht,
stellen Sie dafür in greifbare Nähe einen Beistelltisch.

Tipp

Aus einer großen Holzplatte auf zwei Holzpflöcken, bedeckt
mit einer bodenlangen Tischdecke, zaubern Sie auch den Platz
für das Buffet.

Die Vorbereitung

Wie bei einem Cocktail müssen auch beim Cocktail Prolongé nicht alle sitzen. Besorgen Sie sich ein paar Bistrotische, an denen sich kleine Grüppchen bilden werden und wo man Gläser und Teller abstellen kann. Einige setzen sich zum Essen auf die Treppe, an den Couch- oder Esstisch und sollen sich dann wieder unter die Gäste mischen. Aber immer wieder gibt es welche, die an ihrem Platz »festkleben«. Bitten Sie diese Gäste, doch einmal aufzustehen, um Platz für die Dame zu machen, die in ihren Stilettos nicht mehr stehen kann. Keiner wird Ihnen das übel nehmen.

Einladung, Vorbereitung und die nötigen Hilfen unterscheiden sich nicht von den im vorigen Kapitel beschriebenen. Allerdings brauchen Sie für das Buffet genügend Platten und Schüsseln, je nachdem, was Sie anbieten wollen und wie viele Gäste Sie haben.

Sparen Sie nicht an Tellern, Besteck und Gläsern. Haben Sie reichlich von allem da. Die Gäste machen sich keine Gedanken darüber, ob es davon genug gibt. Sie essen einen Teller leer, lassen ihn irgendwo stehen und holen sich einen neuen, das Gleiche tun sie mit den Gläsern. Kein normaler Haushalt hat Geschirr für 50 oder mehr Personen. Und wenn, schließlich will man ja nicht sein teures Meißen gefährden. Leihen Sie sich alles in einem Geschirrverleih, das ist nicht teuer und macht die wenigste Arbeit.

Tipp

Nicht jeder weiß, was ein Cocktail Prolongé ist. Wenn Ihre Gäste zusagen, erwähnen Sie noch einmal, dass es nach den Drinks noch ein Essen gibt und man sich doch für danach nichts vornehmen möchte. Als wir einmal zu einem Cocktail Prolongé eingeladen hatten, rief mich ein Berliner Freund an und fragte: »Wat is dat denn? Cocktail prolonje hab ick noch nie jehört!« Ich habe es ihm erklärt!

Aus den folgenden Rezepten können Sie sich ein Buffet zusammenstellen. Mein Vorschlag, je nachdem, wie viele Gäste Sie haben: drei bis vier Vorspeisen, ein oder zwei Hauptgerichte, zwei Desserts und eine große Käseplatte mit verschiedenen Brotsorten. So wird jeder Gast etwas finden, was ihm schmeckt.

Tipp

Denken Sie daran, wenn Sie 50 Gäste haben, müssen Sie nicht von jeder Speise 50 Portionen machen. Das kann kein Mensch essen. Wenn ein Gericht aus ist, wird sich jeder von dem, was noch da ist, etwas nehmen.

Rezeptvorschläge für das Buffet

Vorspeisen
Chicoréesalat mit Currysoße

Für 10 Personen
Vorbereitungszeit: ca. 20 Minuten

8 Chicorée
2 reife Papayas
2 Kästchen Kresse
500 g Joghurt
250 g Mayonnaise

4 EL Curry
Saft einer Zitrone
2 EL Cognac
Pfeffer und Salz

Vom Chicorée den Strunk abschneiden, die welken Blätter wegwerfen, dann längs durchschneiden und den bitteren Keil herausschneiden. Blätter waschen, abtropfen lassen und quer in etwa 2 cm breite Streifen schneiden. Papayas schälen, halbieren, entkernen und in etwa 2 x 2 cm große Würfel schneiden. Chicorée, Papayas und die mit einer Schere abgeschnittene Kresse in einer großen Schüssel vermengen.

Die restlichen Zutaten für die Soße vermischen, mit Salz und Pfeffer abschmecken und erst kurz vor dem Servieren über den Salat geben.

Rucolasalat mit Cocktailtomaten und Parmesan

Für 10 Personen
Zubereitungszeit: ca. 20 Minuten

700 g Rucola
500 g Cocktailtomaten
2 Tassen Olivenöl
5 El Balsamicoessig
1 EL gekörnte Brühe
1 durchgedrückte Knoblauchzehe
Salz und Pfeffer
250 g gehobelter Parmesan

Den Salat gut waschen und in der Salatschleuder trocken schleudern. Tomaten waschen und halbieren. Beides in einer Schüssel vermengen. Die Zutaten für die Soße gut vermischen und eventuell noch mit etwas Salz abschmecken. Die Soße erst kurz vor dem Servieren über den Salat geben und gut vermischen. Dann den gehobelten Parmesan darüberstreuen.

Tipp: Ich gebe die Zutaten für die Soße in ein Marmeladenglas mit Schraubverschluss und schüttele es wie einen Cocktailshaker. Das ist ideal, wenn man die Soße schon morgens vorbereitet. Abends einfach noch einmal gut durchschütteln. Ein volles Marmeladenglas ist die richtige Menge bei jedem Salat für 10 Personen.

Geflügelsalat

Für 10 Personen
Zubereitungszeit: ca. 40 Minuten

750 g gekochtes oder gegrilltes Hühnerfleisch ohne Haut
1 gekochte Sellerieknolle
2 fein gehackte, mittelgroße Zwiebeln
Saft von 2 Zitronen
Salz und Pfeffer
250 g gehobelte Mandeln
400 g entkernte, halbierte Weintrauben
1 große Dose Mandarinen
500 g Mayonnaise
500 g fettarmer Joghurt

Hühnerfleisch würfeln, Sellerie in schmale, etwa 3 cm lange Streifen schneiden und beides mit den gehackten Zwiebeln vermischen, salzen und pfeffern und mit dem Zitronensaft beträufeln. 1 Stunde ziehen lassen. Mandeln, Weintrauben und abgetropften Mandarinenscheiben zugeben. Mayonnaise und Joghurt gut vermischen und vorsichtig unterheben.

Eierplatte mit zwei Dips

Für 10 Personen
Zubereitungszeit: ca. 1 Stunde

1 großer Kopfsalat
10 hart gekochte Eier
10 gekochte Wachteleier
1 große Dose Maiskörner
1 großes Glas Artischockenherzen
750 g Cocktailtomaten

Für Dip 1 – Avocadosoße:
1 große weiche Avocado
2 EL Zitronensaft
2 EL scharfer Senf
2 EL Lemon Pepper
2 durchgepresste Knoblauchzehen
250 g Mayonnaise oder Joghurt
Salz

Die Avocado schälen, den Kern entfernen, mit einem Mixstab pürieren und die restlichen Zutaten dazugeben. Wenn die Soße zu fest ist, mit Joghurt etwas flüssiger machen. Mit Salz abschmecken.

Für Dip 2 – Remouladensoße:
Je 1 Bund Petersilie und Dill
5 kleine Gewürzgurken
250 g Mayonnaise
250 g Joghurt
250 g Crème fraîche oder Joghurt
1 mittelgroßes Glas Kapern
Salz und Pfeffer

Kräuter und Gewürzgurken klein hacken und alle Zutaten miteinander vermischen. Mit Salz und Pfeffer abschmecken.

Auf einer Platte die gewaschenen und gut getrockneten Salatblätter ausbreiten. An den Rand im gleichen Abstand die etwa 3 Minuten lang gekochten Wachteleier mit Schale verteilen. In die Zwischenräume eine Tomate legen. Die Eier schälen, halbieren und auf den Salatblättern verteilen. Dazwischen den abgegossenen Mais, die Artischockenherzen und den Rest der Tomaten verteilen. Es soll wie ein buntes Bild aussehen. Die Soßen in Schalen mit einem Löffel danebenstellen, sodass sich jeder das nehmen kann, was er gern hat.

Bunter Eisbergsalat

Für 10 Personen
Zubereitungszeit: ca. 45 Minuten

2 mittelgroße Köpfe Eisbergsalat
2 reife Avocados
2 reife Papayas
2 Orangen

Für die Soße:
3 Tassen Olivenöl
5–6 EL Wein- oder Obstessig
2 Knoblauchzehen (nach Belieben)
2 EL gekörnte Brühe
Salz

Für die Toastbrot-Croutons:
4 Scheiben Toastbrot
2 EL gesalzene Butter

Den Salat waschen und in große Streifen schneiden, Avocados und Papayas schälen, entkernen und in kleine Stücke schneiden. Orange schälen und in feine Scheiben schneiden und in einer Schüssel vermengen. Die Zutaten für die Soße in einem Marmeladenglas gut vermengen und erst vor dem Servieren über den Salat geben. Zum Schluss das gewürfelte Toastbrot in der Butter anrösten und noch warm über den Salat streuen.

Matjessalat

Für 10 Personen
Vorbereitungszeit: ca. 30 Minuten

10 Matjesfilets
3 feste, saftige Äpfel
3 große Zwiebeln
500 g saure Sahne
500 g Joghurt
250 g geräucherter, durchwachsener Bauchspeck
   (in Bayern »Wammerl«)
Salz

Den Matjes in mundgerechte Stücke schneiden. Äpfel schälen,
entkernen, vierteln und in dünne Scheiben schneiden. Zwiebeln
schälen, halbieren und in feine Ringe schneiden. Alles in einer
Schüssel vermengen. Sahne und Joghurt gut verrühren und nur
leicht salzen, da der Matjes ja bereits gut gesalzen ist. Die Soße
vorsichtig unterheben. Die Schwarte vom Speck entfernen. Den
in sehr kleine Stücke geschnittenen Speck in einer Pfanne ohne
Fett kross anbraten und darüberstreuen. Dazu kann man 2 kg
kleine, neue Pellkartoffeln mit Schale servieren.

Hauptgerichte
Kalbsgeschnetzeltes

Für 10 Personen
Vorbereitungszeit: ca. 50 Minuten

1,5 kg Kalbsfilet
3 mittelgroße Zwiebeln oder 500 g Schalotten
100 g Butter
50 g Mehl
500 ml Weißwein
750 ml Fleischbrühe
2 Becher süße Sahne
Salz und Pfeffer

Fleisch von Haut und Sehnen befreien, im Tiefkühlfach anfrieren und dann mit einem scharfen Messer in möglichst dünne Scheiben schneiden (etwa 2 x 4 cm groß). Die fein gehackten Zwiebeln in der heißen Butter andünsten, bis sie glasig sind. Das Fleisch dazugeben, mit dem Mehl bestreuen und unter ständigem Umrühren braten, bis es nicht mehr rot aussieht. Wein und Brühe zugeben und etwa 10 Minuten auf kleiner Flamme köcheln lassen. Dann die Sahne unterrühren, kurz aufkochen und mit Salz und Pfeffer abschmecken. Wenn die Soße zu dünn ist, mit hellem Soßenbinder andicken.

Dazu 500 g Reis. Als Alternative eignet sich Rindergulasch.

Huhn Diavolo

Für 10 Personen
Vorbereitungszeit mit Kochzeit: ca. 50 Minuten

10–12 Hühnerbrüstchen ohne Haut
Salz
1 TL Rosenpaprika
2–3 EL Margarine oder Butter
Je 1 TL Cayennepfeffer, Majoran, Rosmarin und Thymian
500 ml trockener Wermut (am besten Noilly Prat)
1 l Hühnerbrühe
2 Becher süße Sahne
heller Soßenbinder
Salz

Die Hühnerbrüstchen mit Salz und Paprika würzen und in dem heißen Fett von beiden Seiten anbraten. Restliche Gewürze dazugeben, mit dem Wermut und der Brühe übergießen und etwa 45 Minuten auf kleiner Flamme zugedeckt köcheln lassen. Dann die Sahne unterrühren, kurz aufkochen und mit dem Soßenbinder etwas andicken. Zum Schluss mit Salz und, wenn man es noch etwas schärfer haben will, mit Rosenpaprika abschmecken. Dazu 500 g Reis.

Chili con Carne

Für 10 Personen
Vorbereitungszeit: ca. 20 Minuten
Kochzeit: ca. 40 Minuten

2 Paprikaschoten	2 Tassen Olivenöl
(Farbe ist egal)	2 Dosen geschälte Tomaten
3 große Zwiebeln	à 800 g
5 Knoblauchzehen	3–4 EL gekörnte Brühe
3 Dosen Kidneybohnen	2 EL Chili-con-Carne-Gewürz
à 800 g	(nicht unbedingt nötig!)
1 kg gemischtes Hackfleisch	Salz und Pfeffer

Paprikaschoten waschen, aushöhlen und in etwa 2 x 4 cm große Streifen schneiden. Zwiebeln und Knoblauch klein hacken. Bohnen abgießen (mein Mann trinkt immer den Saft).

Nun das Hackfleisch in Olivenöl anbraten, bis es bröselig wird. Die Zwiebeln, Knoblauchzehen und Paprikaschoten mit andünsten, dann Bohnen und die Tomaten dazugeben, die gekörnte Brühe und das Chili-con-Carne-Gewürz unterrühren und zugedeckt auf kleiner Flamme 40 Minuten köcheln lassen. Ab und zu umrühren. Sollte es etwas zu dickflüssig sein, etwas Wasser zugeben. Zum Schluss noch mit Salz und Pfeffer abschmecken.

Dieses Gericht lässt sich gut am Tag vorher zubereiten. Was übrig bleibt, portionsweise einfrieren.

Roastbeef mit Bratkartoffeln und Remouladensoße

Für 10 Personen
Zubereitungszeit: ca. 1,5 Stunden

1 kg gebratenes Roastbeef (bestellen Sie es beim Metzger fertig in dünne Scheiben geschnitten, und lassen Sie es von ihm gleich auf zwei Ihrer großen Platten legen. Es kostet nur wenig mehr, als wenn Sie es selber braten, und erspart Ihnen eine Menge Zeit und Arbeit)

Für die Bratkartoffeln:

2,5 kg festkochende, kleine Kartoffeln
   (Sieglinde oder Bamberger Hörnchen)
250 g geräucherter, durchwachsener Bauchspeck
   (in Bayern »Wammerl«)
3 mittelgroße Zwiebeln
3–4 Knoblauchzehen
   (muss nicht sein, schmeckt aber besonders gut!)
1 Bund frische Petersilie
1 Bund frischer Kerbel
   (wenn Sie es bekommen, es geht auch ohne)
200 g Butter
Salz und Pfeffer

Kartoffeln mit der Schale in Salzwasser gar kochen, auskühlen lassen, schälen und in Scheiben schneiden. Die Schwarte vom Speck entfernen. Zwiebeln, Knoblauch, Speck und Kräuter sehr klein schneiden.

Kein normaler Haushalt hat eine so große Pfanne, um diese

Menge auf einmal zu braten. Also brauchen Sie entweder zwei Pfannen, oder wenn Sie nur eine haben, machen Sie sich von den Zutaten zwei Portionen, und braten Sie sie nacheinander.

Demnach also den Speck in etwa 50 g Butter kross anbraten, dann die Zwiebeln und den Knoblauch dazugeben, bis sie braun sind. Nun die Kartoffeln untermengen und kräftig anbraten. Noch einmal 50 g Butter dazu, damit das Ganze nicht zu trocken ist. Mit Salz und Pfeffer abschmecken und kurz vor Schluss die Kräuter unterheben. Nicht vergessen – erst von allem die Hälfte nehmen!!!

Tipp

Machen Sie die Bratkartoffeln kurz bevor die Gäste kommen und halten Sie sie zugedeckt im Ofen bei 50 °C warm.

Als Alternative zu Roastbeef können Sie auch 1,5 kg Sülze servieren. Ich kenne kaum einen Mann, der das nicht liebt.

Zubereitungszeit: ca. 1 Stunde

Das Rezept für die Remouladensoße finden Sie im Kapitel »Cocktail Prolongé« auf Seite 52.

Penne alla puttanesca

Für 10 Personen
Zubereitungszeit für die Soße: ca. 15 Minuten
Kochzeit für die Soße: 35–45 Minuten
Kochzeit für die Penne: nach Packungsanweisung

3–4 Sardellenfilets	3 Dosen geschälte
1 Tasse Olivenöl	Tomaten à 800 g
3 große Zwiebeln	200 g Kapern
3–4 Knoblauchzehen	Salz und Pfeffer
3 EL gekörnte Brühe	1,5 kg Penne

Die sehr klein gehackten Sardellenfilets in dem heißen Öl zergehen lassen. Sie müssen sich ganz auflösen. Dann die klein gehackten Zwiebeln und Knoblauchzehen dazugeben und andünsten, bis sie glasig sind. Die Tomaten in den Topf schütten und mit einem Stampfer klein stampfen. Klare Brühe unterrühren und die Soße auf kleiner Flamme ohne Deckel köcheln lassen, bis sie dickflüssig wird. Das kann bis zu 1 Stunde dauern. Nach 20 Minuten Kochzeit rühren Sie die abgetropften Kapern unter, und am Schluss schmecken Sie das Ganze mit Salz und Pfeffer ab.

Penne al dente kochen und mit 3/4 der Soße vermengen. Den Rest der Soße extra in einer kleinen Schüssel servieren für die, die gern etwas mehr davon mögen. Diese Soße ist sehr beliebt bei den Gästen, die kein Fleisch essen. Als Alternative empfehle ich die Soße All'arrabbiata, das ist eine scharfe Tomatensoße (Rezept im Kapitel »Romantisches Diner zu zweit«, Seite 103).

Desserts
Obstsalat mit Crème fraîche

Für 10 Personen
Zubereitungszeit: ca. 35 Minuten

150 g Rosinen
1 Tasse Obstler
Je 2 Äpfel, Birnen, Bananen,
Kiwis und Orangen
1 Ananas
500 g kernlose Trauben
750 g Crème fraîche

Rosinen in dem Obstler einweichen. Das Obst schälen und in kleine Stücke schneiden. Trauben vom Stängel lösen und alles in einer großen Schüssel vermengen. Leicht zuckern. Dazu die Crème fraîche servieren. Schmeckt köstlich!

Mousse au Chocolat

Für 10 Personen
Zubereitungszeit: ca. 25 Minuten
Kühlzeit: mindestens 5 Stunden

400 g Bitterschokolade
3–4 EL Milch
6 Eier
2 Päckchen Vanillezucker
400 g Schlagsahne
geraspelte Schokolade

Schokolade in der Milch über einem Wasserbad schmelzen.

Eier trennen, Eiweiß steif schlagen, Sahne steif schlagen und das Eigelb mit dem Vanillezucker schaumig rühren. Wenn die geschmolzene Schokolade abgekühlt ist, vorsichtig mit der Eigelbmasse verrühren. Dann die Schlagsahne und danach das Eiweiß unter die Schokoladenmasse heben. Nun in eine Schüssel geben und mindestens 5 Stunden in den Kühlschrank stellen. Vor dem Servieren mit der geraspelten Schokolade bestreuen.

Rote Grütze mit Vanillesoße

Für 10 Personen
Zubereitungszeit: ca. 20 Minuten
Kühlzeit: mindestens 5 Stunden

4 Blatt rote Gelatine
1 Glas Schattenmorellen (650 g)
175 g Zucker
2 Päckchen Rote-Grütze-Pulver
500 g gemischte Beeren (frisch oder tiefgefroren)
2 Päckchen Vanillesoßen-Pulver
1 Vanilleschote

Die Gelatine in kaltem Wasser einweichen. Die Schattenmorellen abgießen, den Saft auffangen und mit Wasser auffüllen, bis man 1 l Flüssigkeit hat. Eine große Tasse dieser Flüssigkeit mit dem Zucker und dem Rote-Grütze-Pulver vermischen, den Rest zum Kochen bringen. Den Topf vom Feuer nehmen, das aufgelöste Rote-Grütze-Pulver unterrühren und noch einmal aufkochen lassen. Nun die Schattenmorellen und das Obst zugeben. Wenn es sprudelnd kocht, vom Feuer nehmen und die aufgeweichte Gelatine unterrühren. In eine große Schüssel füllen, abkühlen lassen und mindestens 5 Stunden im Kühlschrank fest werden lassen.

Vanillesoße nach Anleitung auf der Packung zubereiten, zur Verfeinerung das Mark der Vanilleschote unterrühren.

Käseplatte

Für 10 Personen
Vorbereitungszeit: ca. 15 Minuten

Legen Sie auf ein großes Brett oder eine Platte mindestens 4–5 Stück verschiedenen Käse, zum Beispiel Gorgonzola, Emmentaler, Parmesan, Schafskäse und einen ganzen Camembert. Nehmen Sie auf keinen Fall Schnittkäse, sondern immer Stücke. Jedes Stück sollte nicht weniger als 500 g wiegen, sonst sieht es armselig aus. Dekorieren Sie die Platte mit weißen und blauen Weintrauben, und legen Sie ein Käse- und, wenn Sie haben, ein Parmesanmesser dazu. Daneben stellen Sie einen kleinen Teller mit einem Stück Butter und einem Buttermesser und einen Korb mit bereits aufgeschnittenen verschiedenen Brotsorten.

Party mit Tanz

Das macht Laune!

Ihre Tochter wird 18, Ihr Sohn hat sich verlobt, oder Sie haben einen runden Geburtstag? Einen Grund, eine Party zu feiern, findet sich immer. Aber wie und wo?

Es gibt verschiedene Möglichkeiten, ein großes Fest zu feiern, aber wo auch immer es stattfindet, es sollte dabei getanzt werden. Ich war schon auf den schönsten Einladungen mit traumhaftem Ambiente, aber nach drei bis vier Stunden sitzen mit mehreren Gängen exquisitem Essen und hervorragenden Weinen besteht die Gefahr, dass man schläfrig wird, und wenn man Pech und einen langweiligen Tischherrn erwischt hat, kann es geradezu trostlos sein. Wie oft habe ich es erlebt, dass sich die Gesellschaft dann bald nach dem Essen auflöst und die Gastgeber mit ihrer Mitternachtssuppe alleine dastanden. Ganz anders ist es aber, wenn schon, bevor das Dessert serviert wird, die Musik einsetzt. Sofort werden alle wieder munter und beginnen zu tanzen (bis auf ein paar Tanzmuffel, zu denen leider auch mein Mann gehört!). Probieren Sie es aus, Sie werden sehen, es stimmt.

Wenn Sie genug Platz in Ihrem Haus oder Ihrer Wohnung haben, machen Sie es dort. Die Vorbereitungen sind praktisch die gleichen wie bei einem Cocktail Prolongé, auch was Sie zu essen und zu trinken anbieten, können Sie von da übernehmen. Um ein paar Dinge müssen Sie sich aber doch noch zusätzlich kümmern.

Wo soll getanzt werden?

Schaffen Sie einen Platz von etwa 10–15 qm², möglichst da, wo sich voraussichtlich die meisten Gäste aufhalten werden. Wenn ein Paar anfängt zu tanzen, springen auch die anderen auf, und die Stimmung steigt sofort.

Welche Musik möchten Sie haben?

Es gibt die Möglichkeit einer kleinen Band, ich bevorzuge allerdings einen Diskjockey, kurz DJ genannt. Der ist erstens billiger als Livemusik und außerdem mit seiner Musikauswahl auf jeden Fall vielseitiger. Besprechen Sie mit ihm, was er spielen soll, und er wird das Richtige mitbringen.

Einladen und vorbereiten

Sie können mündlich und auch schriftlich einladen. Aber weisen Sie in jedem Fall darauf hin, dass es sich um ein größeres Fest handelt, auf dem auch getanzt wird.

Auf der schriftlichen Einladung heißt das dann »Party mit Tanz« oder, wenn alle Gäste zum Essen sitzen (dazu komme ich später), »Dîner dansant«, aber das ist sehr vornehm und kommt auf die Gäste an, die Sie einladen wollen. Nicht dass Ihre Freunde Sie für übergeschnappt halten!

Machen Sie zusätzlich eine Mitternachtssuppe, so ein Fest dauert erfahrungsgemäß sehr lange, zum Beispiel ein Chili con Carne (Rezept dazu im Kapitel »Cocktail Prolongé« auf Seite 58) oder eine Gulaschsuppe.

Tipp

Legen Sie die Party auf ein Wochenende, sonst kann es passieren, dass einige Gäste schon vor Mitternacht gehen, weil sie am nächsten Morgen früh rausmüssen. Laden Sie ab 20 Uhr ein. Ich habe nämlich solche Feste erlebt, wo man ab 18 Uhr eingeladen war und viele Gäste um 22 Uhr entweder müde oder sturzbetrunken waren und nach Hause gingen. Und da soll es doch erst richtig losgehen!

Nun wollen oder können Sie aus verschiedenen Gründen nicht zu sich nach Hause einladen. Dann bietet es sich an, in einem Lokal einen abgeschlossenem Raum oder, wenn das Lokal klein ist, gleich das ganze für einen Abend zu mieten. Das ist natürlich etwas teurer, erspart Ihnen allerdings eine Menge Arbeit. So ein Ort bietet sich auch an, wenn Sie Ihren Chef, wichtige Geschäftsfreunde und auch ein paar ältere Leute einladen müssen, die nicht den ganzen Abend stehen können.

Wenn Sie das richtige Lokal gefunden haben, besprechen Sie mit dem Wirt den Termin, die Tischdekoration und das Menü. Vereinbaren Sie ein Probeessen. Dann lassen Sie sich einen verbindlichen Kostenvoranschlag machen. Bitten Sie ihn, die Tische so zusammenzurücken, dass in der Mitte des Raumes eine kleine Tanzfläche entsteht. Erst wenn diese Vorbereitungen und Absprachen zu Ihrer Zufriedenheit erledigt sind, verschicken Sie die Einladungen.

Einen Tag vor dem Fest geben Sie dem Wirt die genaue Anzahl der Gäste durch und machen dann erst die Tischordnung. Das ist wichtig, sonst hocken immer die gleichen Leute zusammen.

Schreiben Sie Tischkärtchen, die Sie kurz bevor die Party beginnt auf die ihnen zugedachten Plätze legen.

Tipp
Mischen Sie die Gäste, setzen Sie die Ehepaare auseinander (einige werden Ihnen dankbar sein!).

Vor dem Essen gibt es einen Stehempfang, bei dem Champagner oder Prosecco und Wasser gereicht wird. Weisen Sie das Personal an, jedem Gast sofort nach dem Eintreffen ein Getränk anzubieten. Es ist lähmend, wenn man erst zehn Minuten rumsteht, bevor man etwas zu trinken bekommt. Nach und nach trudeln dann alle ein, mehr oder weniger pünktlich. Die Lügen für das Zuspätkommen sind immer die gleichen: »Der schreckliche Verkehr« oder »dieses grauenhafte Parkplatzproblem« und auch »wir standen im Stau« werden gerne genommen! Auch wenn immer noch nicht alle da sind, bitten Sie spätestens nach einer Stunde zu Tisch.

Ab jetzt sind Sie für nichts mehr verantwortlich. Wenn das Menü so ist wie beim Probeessen und der DJ die richtige Musik auflegt, kann eigentlich nichts mehr schiefgehen. Nun liegt es vor allem an Ihren Gästen, dass der Abend ein Erfolg wird.

Fernsehabend mit Freunden

Auf die Schnelle

Neulich war meine Freundin Ingeborg am Telefon, den Tränen nahe.

»Du, der Fritz ist jetzt total durchgeknallt. Eben hat er mich angerufen, heute Abend ist Fußball im Fernsehen«, schluchzte sie. »Ich hasse Fußball!«

»Ja und ... wo ist das Problem?«

»Ich wollte ›Desperate Housewifes‹ sehen. Und nun bringt er sechs Kollegen mit, und ich soll was zu essen machen, und das in kürzester Zeit.« Jetzt schnaubte sie vor Wut. »Du schaffst das schon, Schatz, hat er gesagt, und bestell bloß keine Pizza, die hatten wir heute Mittag.«

»Nun beruhige dich mal«, sagte ich. »Was hast du denn im Haus?«

»Auf jeden Fall nicht genug, um sieben Kerle satt zu kriegen«, sagte sie wütend. »Die fressen doch wie die Scheunendrescher. Hast du vielleicht eine Idee, was ich so auf die Schnelle ...?«

»Na klar, ganz einfach. Da gibt es verschiedene Möglichkeiten. Eine ist, du gehst in den Supermarkt um die Ecke und kaufst Folgendes ein – schreib mit:

1 Kasten Bier und Wasser (wegen der Führerscheine ...)
1 Flasche Schnaps
1 Ring Fleischwurst
1 Salami
1 mittelgroße Leberwurst
1 Pfund Leberkäs

1 Stück Gouda oder Emmentaler
1 Camembert
7 Eier
1 Bund Radieschen
1 Pfund Tomaten
1 großes, frisches Bauernbrot
ein paar Brezn
Butter

Die Eier kochst du hart, und dann richtest du die Wurst, den Käse und die Eier auf einer großen Platte an und dekorierst alles mit den Radieschen und den Tomaten. Das stellst du auf den Tisch vor dem Fernseher. Daneben auf ein Brett legst du den Laib Brot und die Brezn mit einem großen Brotmesser. Damit bekommst du sogar zehn Kerle satt, und was übrig bleibt, könnt ihr in den nächsten Tagen essen. Aber vergiss nicht Butter, Besteck, Teller, Servietten und Gläser.« Mein Ton wurde leicht gouvernantenhaft. »Und knall nicht einfach alles so hin. Dekorier es ein bisschen hübsch.«

»Wenn du meinst«, maulte meine Freundin.

»Das Ganze kostet dich, wenn es hoch kommt, 1 ½ Stunden«, redete ich weiter. »Und wenn du fertig bist, schreibst du ihm einen Zettel: Viel Spaß mit deinen Freunden, Liebling, und guten Appetit. Bin bei Maja und gucke ›Desperate Housewifes‹.«

»Du bist ein Schatz«, schrie Ingeborg und knallte den Hörer auf.

Ich wollte ihr noch vorschlagen, als Alternative aus den eingekauften Zutaten einen Berg belegter Brote zu machen oder eine Erbsensuppe oder ein Chili con Carne zu kochen, aber da war sie schon beim Einkaufen.

Bottle Party

Jeder Gast bringt etwas mit

Wir hatten Walter und Alexandra auf einem Golfturnier kennengelernt und verstanden uns auf Anhieb. Obwohl wir weit auseinander wohnten, wurde daraus eine große Freundschaft.

Eines Tages lud Alexandra uns zu ihrem jährlichen Sommerfest ein. Auf meine Frage, womit ich ihr eine Freude machen und was ich ihr mitbringen könnte, sagte sie: »Die größte Freude kannst du mir damit machen, dass du etwas kochst. Du weißt, wir wohnen auf dem tiefsten Land, einen Caterer gibt es nicht, und für 50 Leute allein zu kochen ist trotz meines Personals sehr mühsam. Deshalb machen wir das schon seit Jahren so, dass jeder Gast etwas selbst Zubereitetes zu essen mitbringt. Getränke brauchen wir nicht. Unser Weinkeller ist gut gefüllt.«

Ich war begeistert, enthob mich das doch der Aufgabe, in die Stadt zu fahren und ein passendes Geschenk zu kaufen. »Was soll ich kochen, hast du einen Wunsch?« Sie antwortete: »Mach mal Vorschläge, ich habe schon eine Liste mit diversen Sachen.« »Fleischpflanzerl«, schlug ich vor. »Nein, die macht schon Karin.« »Kartoffelsalat?« »Bringt Ingrid mit.« Wir einigten uns auf Chili con Carne, und einige Jahre war ich dann für dieses Gericht zuständig.

Inzwischen haben etliche meiner Freundinnen diese Idee übernommen, und immer wieder aufs Neue bin ich begeistert, auf diese Art ein Fest zu feiern. Die Buffets können sich jedes Mal wirklich sehen lassen, sie würden einem Sternekoch Ehre machen, weil jeder sein Bestes gibt. Und wer keinen so gut gefüllten Weinkeller hat wie mein Freund Walter, kann ohne Weiteres bei einer solchen Einladung die Gäste, die nicht kochen können oder wollen, bitten, eine Flasche Prosecco oder Wein mitzubringen – möglichst gekühlt, da sie ja bald getrunken werden. Das ist in jedem Fall billiger als Blumen oder irgendein anderes Geschenk, das etwas hermacht. Kein Mensch freut sich über die 15. Duftkerze!! Ich jedenfalls nicht!

Also, sollten Sie nach der Lektüre dieses Kapitels mal die Absicht haben, so eine »Bottle Party« zu feiern, machen Sie eine Liste, wie viele Gäste Sie einladen wollen. Dann schreiben Sie auf, was Sie sich für das Buffet vorstellen, bei 50 Personen beispielsweise: Fünf Vorspeisen, zwei Hauptgerichte, drei Desserts, Käse und eventuell eine Mitternachtssuppe. Nun rufen Sie Ihre Gäste an und besprechen mit ihnen, wer was kocht.

Tipp

Wenn ein Gast wirklich keine Zeit hat, etwas zu kochen, soll er einen Räucherlachs oder eine Pastete mitbringen. Beides gibt es heute in jedem Supermarkt. Oder ein paar Stangenweißbrote und ein Pfund Butter. Aber notieren Sie sich alles, damit Sie nachher nicht in Brot und Butter ersticken.

Sie müssen nun zwar nicht kochen, haben aber trotzdem einiges zu tun. Denken Sie daran, dass Sie ein Buffet aufbauen oder auf dem Esstisch herrichten und genug Gläser, Geschirr, Besteck und Servietten dahaben müssen. Besorgen Sie sich Hilfen, die die benutzten Teller, Gläser und Bestecke abräumen, abwaschen und wieder auf das Buffet stellen. Haken Sie Ihre Checkliste ab (siehe Kapitel »Tipps, die für jede Einladung gelten«, Seite 12).

Da Ihre Gäste ja fast alles mitbringen, sorgen Sie noch für einen Kasten Bier und reichlich Wasser und vor allem für die richtige Gästemischung, ich bin mir ganz sicher, dann wird es eine tolle Party.

Brunch

Grundsätzliches

Das Wort Brunch kommt aus dem Englischen und ist entstanden aus dem Wort Breakfast (Frühstück) und Lunch (Mittagessen), was bedeutet, dass man das Frühstück auslässt und anstatt des Mittagessens einen »Brunch« einnimmt.

Zu einem Brunch lädt man am besten am Wochenende frühestens ab 11 Uhr und spätestens um 12 Uhr ein. Dann haben die Nachtschwärmer ausgeschlafen (jedenfalls die meisten), freuen sich, dass sie heute mal nicht kochen müssen, und fallen hungrig und dankbar über das Buffet her. Das ist meistens so reichhaltig, dass sie noch am Abend satt sind. Spätestens um 17 Uhr sollte der letzte Gast gegangen sein. Sollte er um 19 Uhr immer noch nicht daran denken, sich zu verabschieden, bieten Sie ihm Ihr Gästezimmer an!

Der Brunch am Wochenende ist bei uns inzwischen so populär geworden, dass viele Restaurants und Hotels ihn in ihr Programm aufgenommen haben und für einen Festpreis anbieten, für den man so viel essen kann, wie man will – für viele Familien ein neues Sonntagsvergnügen.

Zu einem Brunch nach Hause können Sie, wie bei einem

Cocktail, mehr Leute einladen, als Sie Sitzplätze haben. Die, die nicht im Stehen essen wollen, werden schon ein Plätzchen finden, und wenn es auf der Treppe ist. Außerdem kommen auch hier nicht alle auf einmal. Wenn die ersten gehen, trudeln garantiert immer noch welche ein. Bei einem Brunch ist es wie bei einer Cocktailparty. Man muss nicht unbedingt pünktlich sein. Allerdings – zu erscheinen, wenn sich die letzten Gäste verabschieden, und dann auch noch etwas zu essen zu verlangen, grenzt an Unverschämtheit!

Manche kommen auch gar nicht. Einer ist nicht aus dem Bett gekommen, weil die Nacht einfach zu lang war, der Andere hat Zoff mit seiner Freundin. Gründe gibt es genug. Das sollte Sie aber nicht ärgern, es ist einfach immer so. Ich schreibe es nur, damit Sie darauf gefasst sind.

So wird's ein Erfolg

Laden Sie die unterschiedlichsten Leute ein, eine gute Mischung ist der Erfolg einer jeden Party. Und nehmen Sie keine Rücksicht auf Freunde, die verkracht sind. Sagen Sie Ihrem Kollegen Franz zum Beispiel nur: »Der Rudi, mit dem du gerade Ärger hast, kommt auch.« Und das Gleiche sagen Sie zu Franz. Dann können die beiden selbst entscheiden, ob sie erscheinen wollen oder nicht.

Zu einem Brunch zieht man sich nicht fein an. Jeans und Pulli sind erlaubt. Menschen, die Partyerfahrung haben, wissen das. Wenn Sie schriftlich einladen, schreiben Sie vorsichtshalber »leger« oder »casual« auf die Einladung, dann sollte jedem klar sein, dass sportliche Kleidung angesagt ist (Einladungskarte siehe Seite 10). Vergessen Sie auch nicht »U.A.w.g.« (bis zu einem bestimmten Datum), damit Sie wissen, mit wie vielen Gästen Sie rechnen müssen. Informieren Sie sich unbedingt noch einmal im Kapitel »Tipps, die für jede Einladung gelten« (Seite 9 f.), dann können Sie gar nichts falsch machen.

Wenn ich einen Brunch gebe, mache ich nicht zu viele warme Speisen. Meistens nur ein oder zwei warme Eintöpfe, der Rest sind deftige Gerichte, die man mit Brot und Butter isst. Sie brauchen mehrere Stangen Baguette, ein großes Bauern- und ein großes Vollkornbrot und reichlich Butter (das Brot, das übrig bleibt, kann man sehr gut einfrieren).

Natürlich brauchen Sie auch einige Desserts. Bei einem Brunch würde ich eine Süßspeise und zwei Kuchen empfehlen. Dazu servieren Sie Schlagsahne.

Natürlich gehört auf ein Brunchbuffet auch eine Käseplatte.

Anregungen hierzu finden Sie im Kapitel »Cocktail Prolongé« auf Seite 65.

Tipp

Beim Brunch muss immer heißer Kaffee da sein, manch einer kommt gerade aus dem Bett, hat vielleicht noch einen Kater und will nicht gleich wieder seinen Rausch auffüllen.

Stellen Sie zwei bis drei Töpfe mit verschiedenen Marmeladen hin für die, die erst mal frühstücken wollen. Sie brauchen außerdem Bier, Wasser, Säfte und natürlich Wein.

Die folgenden Rezepte sind Vorschläge, aber selbstverständlich können Sie sich als Alternative auch aus den vorigen Kapiteln Rezepte heraussuchen, die Ihnen vielleicht besser gefallen.

Rezeptvorschläge für ein Buffet zum Brunch

Fleischpflanzerl (Frikadellen, Buletten)

Für 20 Personen
Zubereitungszeit: ca. 15 Minuten
Bratzeit: ca. 15–20 Minuten

4 altbackene Brötchen
2 kg gemischtes Hackfleisch
4 EL Senf
4 Eier
4 Knoblauchzehen
2 Zwiebeln
Salz und Pfeffer
4 EL Margarine oder Butterschmalz

Die Brötchen einweichen, ausdrücken und mit dem Fleisch, dem Senf, den Eiern, dem klein gehackten Knoblauch und den klein gehackten Zwiebeln gut vermischen. Mit Salz und Pfeffer abschmecken. Nun mit feuchten Händen daraus etwa 25 Fleischpflanzerl formen. In dem heißen Fett in einer großen Pfanne gut durchbraten.

Kartoffelsalat mit Speck

Für 20 Personen
Zubereitungszeit mit Kartoffelschälen: ca. 40 Minuten
Kochzeit für die Kartoffeln: ca. 35 Minuten

3 kg möglichst kleine, festkochende Kartoffeln
3 EL klare Brühe, aufgelöst in 1 l warmem Wasser
200 g geräucherter, durchwachsener Bauchspeck (in Bayern »Wammerl«)
1 EL Margarine
3 Zwiebeln
1 Tasse Öl
4 EL Weinessig
Salz und Pfeffer
2 Bund Schnittlauch
grober Pfeffer aus der Mühle

Die Kartoffeln in Salzwasser gar kochen, dann schälen und in Scheiben schneiden. Die lauwarme Brühe nach und nach darübergießen, die Kartoffeln dürfen nicht darin schwimmen. Währenddessen die Schwarte vom Speck entfernen. Den sehr klein geschnittenen Speck in heißer Margarine kross anbraten, dann die klein gehackten Zwiebeln dazugeben, bis sie glasig sind. Aus Öl, Essig, Salz und Pfeffer eine Soße rühren und unter den Salat mischen. Speck, Zwiebeln und den in Röllchen geschnittenen Schnittlauch unterheben. Noch einmal mit Salz und Pfeffer abschmecken und mit der Pfeffermühle groben Pfeffer darübergeben.

Räucherlachs auf Salatblättern mit Joghurt-Pfeffer-Soße

Für 20 Personen
Zubereitungszeit: 15 Minuten

4 Schalotten	2 TL Weißweinessig
2 kleine Becher Joghurt	Salz und Pfeffer
1 kleiner Becher Crème fraîche	1 großer Kopfsalat
2–3 TL eingelegter grüner Pfeffer	1 kg Räucherlachs in Scheiben
	2–3 TL rosa Pfefferkörner

Die Schalotten schälen und klein hacken. Mit dem Joghurt, der Crème fraîche, dem eingelegten grünen Pfeffer und dem Essig in einen Mixer geben und gut durchmixen. Mit Salz und Pfeffer abschmecken. Von dem Salat die schönen Blätter waschen, gut abtropfen lassen und auf einer großen Platte ausbreiten. In die Mitte eine kleine Schale mit der Soße stellen. Drum herum auf den Salatblättern die Lachsscheiben verteilen. Die roten Pfefferkörner entweder mit einem Mörser oder einfach mit den Fingern etwas zerbröseln und über den Lachs verstreuen. Sieht hübsch aus und schmeckt gut!

Variante: Statt Salatblättern können Sie auch frische Spinat- oder Sauerampferblätter nehmen

Hackepeter

Für 20 Personen
Zubereitungszeit: 10 Minuten

1 kg frisch durchgedrehtes Schweinefleisch
2 Zwiebeln
1 Bund Petersilie
Salz und grober schwarzer Pfeffer

Das Fleisch mit den klein gehackten Zwiebeln und der klein gehackten Petersilie vermischen, mit Salz abschmecken und groben schwarzen Pfeffer untermischen.

> ### Tipp
> Hackepeter sollte man nur im Winter servieren. Bei großer
> Hitze kann das rohe Fleisch sehr schnell schlecht werden.

1–2 Pasteten

Für 20 Personen
Kaufen Sie sie fertig – sie sind mühsam selbst zu machen, und
Sie haben bereits genug anderes zu tun.

Wurstbrettl

Für 20 Personen
Vorbereitungszeit: ca. 10 Minuten

Legen Sie auf ein großes Brett mit einem scharfen Messer eine
ganze Salami, eine runde Lyoner und je ein Stück Leber- und
Blutwurst (Sie können auch andere Würste nehmen, es sollte nur
reichhaltig aussehen). Da kann sich dann jeder abschneiden,
worauf er Appetit hat. Das Ganze dekorieren Sie mit einem Bund
Radieschen, einem aufgeschnittenen Radi (Rettich) und ein paar
Tomaten.

Ungarische Gulaschsuppe

Für 20 Personen
Zubereitungszeit: 2,5–3 Stunden

1 kg Rindergulasch
1 kg Schweinegulasch
2 kg Zwiebeln
500 g frische Champignons
30 g Schweineschmalz
1 TL Kümmel
3 TL Rosenpaprika
2 EL scharfes Paprikapulver

3–4 EL klare Brühe
1 Tube Tomatenmark
1 Flasche Rotwein (es muss kein Mouton Rothschild sein, ein einfacherer tut es auch!)
Salz und Pfeffer

Das Fleisch und die Zwiebeln in kleine Würfel schneiden. Champignons putzen und in Scheiben schneiden. Die Zwiebeln in dem Schmalz anbraten, dann das Fleisch dazugeben und auch kräftig anbraten. Nun Kümmel, Paprika, klare Brühe, Tomatenmark und etwas Salz drunterrühren und mit dem Rotwein ablöschen. Bei geschlossenem Deckel 2–2,5 Stunden auf kleiner Flamme köcheln lassen. Immer wieder umrühren und eventuell etwas Wasser zugießen, wenn es zu dickflüssig wird. 20 Minuten bevor die Suppe fertig ist, die Champignons zugeben und mitkochen lassen. Zum Schluss mit Salz und Pfeffer abschmecken.

Chili con Carne

Rezept hierzu im Kapitel »Cocktail Prolongé« auf Seite 58.

Achtung: Für 20 Personen müssen Sie hier die doppelte Menge nehmen!

American Cheesecake

Vorbereitungszeit: ca. 15 Minuten
Backzeit: ca. 60 Minuten
Ruhezeit: mindestens 3 Stunden

9 Stück Zwieback	500 g Philadelphia-Frischkäse
135 g Zucker	1 TL geriebene Schale
40 g Butter	einer ungespritzten Zitrone
5 Eier	1 EL Zitronensaft

Zwieback in ein sauberes, trockenes Geschirrtuch einschlagen und mit einem Teigroller zu Bröseln verarbeiten. Dann mit 2 EL des Zuckers und der Butter vermengen, bis sich die Zutaten vermischt haben. Eine runde Springform mit einem Pinsel mit Butter ausstreichen und den Zwiebackteig darin verteilen, einen kleinen Rand machen und fest andrücken.

Die Eier trennen. Den Philadelphia mit dem Eigelb, dem restlichen Zucker, der Zitronenschale und dem Zitronensaft zu einer Creme rühren. Das Eiweiß steif schlagen und unter die Käsemasse heben. Diese sofort auf den Zwiebackboden füllen und im vorgeheizten Ofen bei 150 °C 60 Minuten backen. Den Kuchen 10 Minuten abkühlen lassen, dann erst den Rand der Springform lockern. Erst nach 3 Stunden servieren.

Stachelbeerkuchen

Zubereitungszeit: ca. 20 Minuten
Backzeit: ca. 50 Minuten

Für den Mürbeteig:
200 g Mehl
100 g Zucker
1 Päckchen Vanillezucker
1 EL Puderzucker (es geht auch ohne)
75 g Butter
1 Ei

Für den Belag:
1 kg Stachelbeeren (Sie können auch Himbeeren oder Rhabarber
   nehmen, wenn Sie keine Stachelbeeren bekommen)
150 g Zucker
3 Eier
1 Päckchen Vanillezucker
2 EL süße Sahne

Die Mürbeteigzutaten zu einem festen Teig vermischen und in
einer mit Butter eingefetteten Springform verteilen, einen kleinen Rand machen. Die Stachelbeeren waschen und von den Stielen befreien, abtropfen lassen und auf dem Kuchenboden verteilen. Die Hälfte des Zuckers darüberstreuen. Nun die Eier mit
dem restlichen Zucker, Vanillezucker und der Sahne verquirlen
und über die Stachelbeeren gießen. Im vorgeheizten Ofen bei
180 °C 50 Minuten backen.

Mousse au Chocolat

Für 20 Personen
Zubereitungszeit: ca. 25 Minuten
Kühlzeit: mindestens 5 Stunden

800 g Bitterschokolade
6–8 EL Milch
12 Eier
4 Päckchen Vanillezucker
800 g Schlagsahne
geraspelte Schokolade

Schokolade in der Milch über einem Wasserbad schmelzen.

Eier trennen, Eiweiß steif schlagen, Sahne steif schlagen und das Eigelb mit dem Vanillezucker schaumig rühren. Wenn die geschmolzene Schokolade abgekühlt ist, vorsichtig mit der Eigelbmasse verrühren. Dann die Schlagsahne und danach das Eiweiß unter die Schokoladenmasse heben. Nun in eine Schüssel geben und mindestens 5 Stunden in den Kühlschrank stellen. Vor dem Servieren mit der geraspelten Schokolade bestreuen.

Kaffeeklatsch

Ein gemütlicher Nachmittag

Am Nachmittag lädt man gern die Familie oder Freundinnen zu einem Kaffeeklatsch ein. Wie das Wort schon sagt, man trinkt Kaffee, isst dazu Kuchen und klatscht. Das ist eine unkonventionelle Einladung und kann ruhig ganz spontan einen oder ein paar Tage vorher ausgesprochen werden. Man muss auch nicht unbedingt hochelegant erscheinen, es sei denn, die Gäste wissen, dass Sie als Gastgeberin darauf Wert legen.

Ein »Kaffee« beginnt normalerweise um 16 Uhr, und spätestens um 18 Uhr sollte sich der letzte Gast verabschiedet haben. Womöglich hat die Gastgeberin am Abend noch etwas vor und sitzt wie auf Kohlen, weil Tante Frieda wie immer nicht gehen will.

Für eine Kaffeeeinladung brauchen Sie Kaffeetassen, Kuchenteller, Teelöffel, ein Kännchen mit Sahne und eventuell eins mit heißer Milch, Kuchengabeln (wenn Sie keine haben, tun es auch die Teelöffel), eine Kaffeekanne und natürlich Servietten, möglichst aus Stoff. Ein Kaffeetisch muss liebevoll gedeckt werden. Jeder Gast freut sich über Blumenschmuck und brennende Kerzen.

Halten Sie den frisch gekochten Kaffee in einer Thermoskanne warm, und gießen Sie ihn erst, wenn die Gäste kommen, in die mit heißem Wasser vorgewärmte Kaffeekanne. Auch die Schlagsahne sollte fertig geschlagen im Kühlschrank stehen. Der Kaffee darf nicht zu schwach sein. Für diejenigen, die ihn lieber etwas weniger stark haben wollen, holen Sie ein Kännchen heißes Wasser aus der Küche.

Natürlich können Sie den Kuchen bei Ihrem Bäcker kaufen, aber jeder Gast freut sich über einen von der Gastgeberin selbst gebackenen. Als ich jung war, hielt ich Kuchenbacken für eine für mich niemals zu erlernende Kunst. Inzwischen weiß ich, dass es kinderleicht ist, jedenfalls mit meinen Rezepten. Versuchen Sie es doch mal!

Tipp

Bieten Sie möglichst immer einen leichten und einen üppigen Kuchen an. Nicht jeder Magen verträgt eine fette Torte. Als Alternative eignet sich auch feines Gebäck.

Ich bin sicher, Tante Frieda und all Ihre Freundinnen werden diese Kuchen lieben.

Rezeptvorschläge für einen Kaffeeklatsch

Käsekuchen

Zubereitungszeit: ca. 25 Minuten
Backzeit: ca. 1 Stunde
Auskühlzeit: 5 Stunden

Für den Mürbeteig:

200 g Mehl	1 EL Puderzucker
100 g Zucker	75 g Butter
1 Päckchen Vanillezucker	1 Ei

Für den Belag:

500 g Quark	1 Becher Schmant
2 Päckchen Vanillepulver	500 ml Milch
150 g Zucker	2 Dosen Mandarinen (300 g)

Die Mürbeteigzutaten zu einem festen Teig verkneten. Quark, Vanillepulver, Zucker, Schmant und Milch gut verrühren. Den Mürbeteig in eine mit Butter eingefettete Form drücken, einen kleinen Rand machen. Die gut abgetropften Mandarinen darauf verteilen. Dann die Quarkmasse darübergeben und eine Stunde im vorgeheizten Ofen bei 200 °C backen. Vor dem Anschneiden mindestens 5 Stunden ruhen lassen, damit der Kuchen fest wird. Dieser Kuchen kann auch am Vortag gebacken werden.

Karamel-Apfel-Tarte

Zubereitungszeit: ca. 30 Minuten
Backzeit: ca. 12 Minuten

Dazu braucht man eine Stielpfanne (Ø 28 cm) mit feuerfestem Griff.

450 g tiefgekühlter Blätterteig
200 g Zucker
1 Prise Zimt
20 g Butter
3–4 Äpfel
1 große, flache, runde Kuchenplatte

Blätterteig auftauen lassen, die einzelnen Stücke überlappend zu einem Quadrat auf ein Brett legen und dünn ausrollen. Den Boden der Stielpfanne mit Zucker ausstreuen, den Zimt darüberstäuben und die Butter in Flöckchen darüber verteilen.

Die Äpfel schälen, vierteln, das Kerngehäuse entfernen und in Scheiben schneiden. Diese dicht an dicht in die Pfanne legen. Die Pfanne bei mittlerer Hitze auf die Herdplatte geben. Sobald der Zucker sich leicht bräunlich färbt, die Äpfel mit dem ausgerollten dünnen Blätterteig belegen. Den überstehenden Teig mit einem scharfen Messer abschneiden, dann den Blätterteig mehrmals mit einer Gabel einstechen. Nun die Pfanne in den auf 220 °C vorgeheizten Ofen schieben und etwa 12 Minuten backen. Dann die Pfanne herausnehmen, die Tarte 2–3 Minuten ruhen lassen und auf eine große runde Platte stürzen. Warm servieren.

Erdbeer-Schokoladen-Torte

Zubereitungszeit mit Backzeit: ca. 60 Minuten
Auskühlzeit: 2–3 Stunden

6 Eier
180 g Zucker
2 Päckchen Vanillezucker
80 g Mehl
40 g Kakaopulver
60 g Speisestärke
400 g Erdbeeren
500 ml Sahne
3 Päckchen Sahnesteif
500 g dunkle Kuvertüre

Die Eier trennen. Das Eiweiß steif schlagen und dabei die Hälfte des Zuckers langsam zugeben. Die Eigelbe mit dem restlichen Zucker und 1 Päckchen Vanillezucker schaumig schlagen. Den Eischnee unterziehen. Mehl, Kakao und Speisestärke vermischen, durch ein Sieb darübergeben und vorsichtig unterheben. Die Biskuitmasse in eine mit Backpapier ausgelegte Springform (Ø 26 cm) füllen, glatt streichen und bei 180 °C etwa 35 Minuten backen. Dann herausnehmen, abkühlen lassen, aus der Form lösen und 2–3 Stunden auskühlen lassen.

Währenddessen die Beeren waschen, einige zum Garnieren beiseitelegen und die restlichen in Stücke schneiden. Sahne mit dem Sahnesteif und dem restlichen Vanillezucker steif schlagen. Kuvertüre zerbröseln und im warmen Wasserbad schmelzen.

Den Biskuit nun zweimal waagerecht durchschneiden, sodass

3 gleich dicke runde Scheiben entstehen. Den unteren Boden mit etwas flüssiger Kuvertüre bestreichen, die Hälfte der Sahne darauf verteilen und mit der Hälfte der Erdbeerstücke belegen. Nun den zweiten Boden mit der Kuvertüre bestreichen, auf den ersten Boden legen, die restliche Sahne und die Beeren darauf verteilen. Den dritten Boden oben drauflegen, mit der restlichen Kuvertüre überziehen und zum Schluss mit den beiseitegelegten Erdbeeren dekorieren.

Einladung zum Fünf-Uhr-Tee

Genießen auf die feine englische Art

Nichts gegen einen Kaffeeklatsch, aber eine Einladung zu einem »Fünf-Uhr-Tee«, womöglich schriftlich, hat schon ein etwas anderes Gewicht als ein mündliches »Komm doch morgen mal zum Kaffee vorbei«. Jedenfalls ist das so bei meiner Freundin Annegret (sie nennt sich jetzt »Änn«), die in jungen Jahren einen Engländer aus der *upper class* geheiratet und viele Jahre in London gelebt hat. »Die englische Küche ist eine Katastrophe«, hat sie oft seufzend erzählt. »Das einzig Genießbare gibt es hier zum *high tea.*« Nun ist sie verwitwet, lebt wieder in Deutschland und hat die Tradition beibehalten, zum *high tea* – wie sie es immer noch nennt – einzuladen. Sie lädt für 17 Uhr ein, und ich nehme mir dann für den Abend nichts mehr vor, weil die Dinge, die sie anbietet, so köstlich sind, dass ich abends nichts mehr essen kann und auch nicht will. Ich würde ansonsten auseinandergehen wie eine Dampfnudel – und dagegen kämpfe ich seit Jahren an!!

Aber völlig zurückhalten kann ich mich nicht, zu gut schmeckt mir alles, was Annegret anbietet. Typische englische Scones mit Frischkäsecreme und ausgefallener Marmelade, gefüllte Baisers, verschiedene Kuchen und kleine Sandwiches mit köstlichem Belag. Dazu gibt es exquisit zubereiteten Tee, wie es sich für eine Fast-Engländerin gehört. Immer serviert sie zwei Sorten, mal Bourbon-Vanille und Tee aus frischem Ingwer, die ich beide besonders gern mag, ein anderes Mal Earl-Grey-Darjeeling und Nizza-Sahne.

Natürlich besitzt Annegret ein feines, hauchdünnes Teeservice, aber wenn Sie so etwas nicht haben, lassen Sie sich nicht entmutigen, Ihr Kaffeeservice tut es auch. Was Sie aber unbedingt brauchen, ist eine Teekanne oder, wenn Sie auch zwei Teesorten anbieten wollen, zwei davon. Ansonsten decken Sie den Tisch genauso liebevoll wie bei Ihrer Kaffeeeinladung.

Annegret legt sehr viel Wert auf Äußeres und liebt es, wenn man zu ihrem *high tea* einigermaßen elegant erscheint. Sie müssen diese Sitte aber nun wirklich nicht übernehmen. Sie können das handhaben, wie es Ihnen gefällt und wie es in Ihrem Freundeskreis üblich ist.

Der perfekte Tee

Nun zur richtigen Zubereitung des Tees: Aus einer Teekanne sollte nur Tee und nichts anderes getrunken und diese nach dem Gebrauch nur mit heißem Wasser ausgespült werden. Das Wasser für den Tee wird frisch aus der Leitung nur kurz zum Kochen gebracht und – bevor es anfängt zu sprudeln – über den Tee gegossen. Pro Tasse rechnet man 1 TL Teeblätter. Der Tee sollte je nach Sorte nicht länger als 3–5 Minuten ziehen. Nach mehr als 5 Minuten verfliegt sein herrliches Aroma.

Zum Tee serviert man Milch, Sahne, heißes Wasser (für die, die ihn zu stark finden) und Zucker. Um den Tee heiß zu halten, braucht man eine Wärmeplatte oder ein Stövchen. Stellen Sie alles, kurz bevor Ihre Gäste kommen, auf den Tisch oder – wenn er nicht groß genug ist – daneben auf einen Beistelltisch, damit Sie nicht ständig in die Küche rennen müssen.

Rezeptvorschläge für den Fünf-Uhr-Tee

Kleine Sandwiches aus Toastbrot

Zubereitungszeit für 12 x 4 Stück: ca. 10 Minuten

12 Scheiben Toastbrot
Butter
Belag nach Belieben

Die Rinde des Toastbrotes abschneiden, die Brotscheiben vierteln und buttern. Als Belag eignen sich leicht gesalzene Gurkenscheiben mit einem Klacks Mayonnaise, Räucherlachs, Leberpastete oder roter Forellenkaviar, angerichtet auf einer Platte und garniert mit ein paar Basilikumblättern oder etwas Kräuselpetersilie.

Tipp

Den Rand der Toastbrotscheiben trocknen und statt eines alten Brötchens für Frikadellen oder Hackbraten verwenden.

Scones mit Devonshire-Creme und Konfitüre

Für ca. 12 Scones
Zubereitungszeit mit Backzeit: ca. 30 Minuten

Für die Scones:

250 g Mehl	2 TL Backpulver
2 EL Zucker	125 g Butter
1/2 TL Salz	100 ml Milch

Die Zutaten zu einem glatten Teig verkneten. Auf einem mit Mehl bestreuten Brett etwa 2 cm dick ausrollen und mit einer runden Form von etwa 4 cm Durchmesser Kreise ausstechen. Diese auf ein mit Backpapier oder Folie ausgelegtes Blech legen und im auf 200 °C vorgeheizten Ofen 16–18 Minuten backen, bis sie goldgelb sind. Auskühlen lassen.

Für die Devonshire-Creme:

200 g Philadelphia	2 EL Zucker
(Doppelrahmstufe)	abgeriebene Schale von
100 ml Sahne	einer ungespritzten Zitrone
1 Vanilleschote	

Alle Zutaten mit dem Mark der Vanilleschote vermischen und mit einem Esslöffel üppig auf den Scones verteilen. Dann obenauf einen Teelöffel Blaubeer- oder Orangenkonfitüre (gibt es in jedem Delikatessengeschäft fertig zu kaufen) setzen.

Das ist eine Köstlichkeit, mit der Sie Ihre Gäste mit Sicherheit überraschen werden.

Gefüllte Baisers

Zutaten für ca. 15–20 Stück
Zubereitungszeit mit Backzeit: ca. 25 Minuten

4 Eiweiß
140 g Puderzucker
1 EL Zucker
50 g gemahlene Mandeln
100 g dunkle Schokolade

Die Eier trennen. Eiweiß schlagen, dabei vorsichtig den Puderzucker zugeben, bis das Eiweiß sehr fest ist. Dann den Zucker und die Mandeln unterheben. Mit einem Teelöffel auf ein mit Folie oder Bachpapier ausgelegtes Backblech kleine Häufchen geben und im auf 160 °C vorgeheizten Ofen etwa 15 Minuten backen.

Währenddessen in einem Wasserbad die Schokolade auflösen, dann abkühlen lassen. Wenn die Baisers ausgekühlt sind, vorsichtig von dem Papier lösen, die untere Seite mit der Schokoladencreme bestreichen und je zwei zusammenkleben.

Sandkuchen

Zubereitungszeit: ca. 25 Minuten
Backzeit: 60–70 Minuten

250 g weiche Butter
200 g Zucker
1 Päckchen Vanillezucker
1 Prise Salz
abgeriebene Schale einer ungespritzten Zitrone
4 Eier
125 g Mehl
125 g Speisestärke
1/2 TL Backpulver
Puderzucker zum Bestäuben

Butter, Zucker und Vanillezucker mit dem Handrührgerät so lange schlagen, bis Fett und Zucker weiß-schaumig sind. Dann die Prise Salz und die abgeriebene Zitronenschale unterheben. Nach und nach einzeln die Eier zugeben, jedes Ei etwa 1 Minute einrühren. Mehl, Speisestärke und Backpulver in einer Schüssel vermengen und durch ein Sieb vorsichtig unterrühren. Nun die Masse in eine eingefettete, mit Backpapier ausgelegte Kastenform füllen und im vorgeheizten Ofen bei 180 °C 60–70 Minuten backen. Zum Schluss mit Puderzucker bestäuben.

Einladungen im kleinen Kreis

Romantisches Diner zu zweit

Die Vorbereitungen

Sie haben einen tollen Typen kennengelernt und wollen das Objekt Ihrer Begierde zum Abendessen zu sich nach Hause einladen. Aber Sie sind ratlos, haben so etwas noch nie gemacht und keine Ahnung, wie Sie es anstellen sollen. Wenn Sie dieses Kapitel gelesen haben, wissen Sie, wie es geht.

Fragen Sie ihn bei Ihrem nächsten Treffen, ob er Lust hätte, einmal zu Ihnen zum Essen zu kommen. Sie würden so gern mal für ihn kochen. Erkundigen Sie sich, was er gern isst (vielleicht ist er Vegetarier oder hasst Knoblauch), und fragen Sie ihn, ob er Fisch mag. Stellen Sie sich vor, Sie machen den Fischauflauf, den Sie besonders gut können, und haben keine Ahnung, dass er eine Fischallergie hat. Der Abend wäre im Eimer!

Also, der Termin steht, der Kerl ist auf nichts allergisch, jedenfalls auf nichts Essbares – nun müssen Sie sich überlegen, was Sie kochen wollen. Wenn Sie die Absicht haben, ihn zu verführen (wovon ich mal ausgehe), machen Sie etwas Leichtes. Ein fetter Schweinebraten mit Knödeln und dazu ein schwerer Rotwein machen eher schläfrig als sexy.

Planen Sie nur drei Gänge, Sie wollen ja schließlich nicht den ganzen Abend nur essen. Auch sollten Sie nichts kochen, was »à la minute« auf den Tisch muss, wie eine im Wasserbad geschlagene Soße oder Ähnliches. Nichts ist abturnender als eine schweißgebadete Frau, die ständig in der Küche steht und ihren Gast allein sitzen lässt. Kochen Sie zu diesem Anlass also möglichst Dinge, die fertig sind, wenn Ihr Gast erscheint, und nur noch aus der Küche hereingetragen werden müssen.

Räumen Sie Ihre Wohnung auf, und putzen Sie Bad und Toilette. Vielleicht ist er ja pingelig! Decken Sie liebevoll den Tisch und dekorieren Sie ihn mit frischen Blumen und Kerzen. Benutzen Sie Stoffservietten (ganz wichtig!) und vergessen Sie Salz und Pfeffer nicht. Vielleicht ist er ja schüchtern und wagt nicht danach zu fragen, um die Köchin nicht zu beleidigen.

Nun zu den Getränken: Stellen Sie eine halbe Flasche Champagner kalt als Aperitif, und wenn Sie sich nicht sicher sind, ob er lieber Rot- oder Weißwein mag, besorgen Sie von beidem je zwei Flaschen. Das müsste reichen, denn wenn jeder von Ihnen mehr als eine Flasche trinkt, wird das Ziel des Abends mit Sicherheit wegen Volltrunkenheit nicht erreicht werden. Wenn Ihr Gast um Rotwein bittet, »dekantieren« Sie vor dem Essen eine Flasche, das heißt, Sie gießen ihn um in eine Weinkaraffe (siehe Zeichnung auf Seite 101), damit der Wein Sauerstoff bekommt. Das macht man nur mit Rotwein.

Eine halbe Stunde, bevor Ihr Gast kommt, sollten Sie mit allem fertig sein – frisch geduscht, gut riechend und in bester Laune. Lüften Sie noch einmal die Wohnung durch, zünden Sie alle Kerzen an und legen Sie Ihre Lieblings-CD auf. Ich bin sicher, der Abend wird ein voller Erfolg.

Weinkaraffen zum Dekantieren von Rotweinen

Tipp
Stellen Sie nach dem Essen das Geschirr in die Küche und machen Sie die Tür zu. Wenn er Ihnen helfen will abzuwaschen, sagen Sie: »Das macht morgen meine Putzfrau«, auch wenn Sie gar keine haben!

Folgende Menüs sind so gut vorzubereiten, dass Sie nur ganz wenig Zeit in der Küche zubringen müssen:

Menüvorschläge für ein romantisches Diner

Menü 1

Vorspeise
Paprika-Mozzarella-Salat

Für 2 Personen
Zubereitungszeit: ca. 45 Minuten

2 grüne Paprikaschoten	2 EL Olivenöl
etwas Öl für das Blech	6 Sardellenfilets
2 Knoblauchzehen	6 grüne Oliven
Salz	1 EL Kapern
1 großer Büffelmozzarella	grober schwarzer Pfeffer

Die Paprikaschoten waschen, halbieren und von Kernen und vom Strunk befreien, auf das mit etwas Öl eingefettete Blech legen und im vorgeheizten Ofen 30 Minuten grillen, bis die Haut braun wird und Blasen wirft. Abkühlen lassen und dann die Haut abziehen. Das Fruchtfleisch in Streifen schneiden und mit dem ausgetretenen Saft in eine kleine Schüssel geben. Den klein gehackten Knoblauch daruntermischen und das Ganze mit Salz abschmecken.

Den Mozzarella in mundgerechte Stücke schneiden und auf zwei Vorspeisenteller legen. Den Paprika dazulegen, mit dem Saft und dem Olivenöl beträufeln und dann mit den Sardellen, Oliven und Kapern dekorieren. Zum Schluss den groben Pfeffer darüberstreuen.

Hauptgericht
Spaghetti all'arrabbiata

Für 2 Personen
Zubereitungszeit: ca. 15 Minuten
Kochzeit: ca. 35–40 Minuten

1 Zwiebel
1 Knoblauchzehe
3 EL Olivenöl
1 Dose geschälte Tomaten (800 g)
1 EL gekörnte Brühe
1 frische oder getrocknete Chilischote
Salz und Pfeffer
300 g Spaghetti

Die klein geschnittene Zwiebel und Knoblauchzehe in dem Olivenöl andünsten, bis sie glasig sind. Die Tomaten dazugeben und zerstampfen. Dann die gekörnte Brühe unterrühren und erst einmal die Hälfte der Chilischote dazugeben – nach etwa 10 Minuten probieren, ob es die richtige Schärfe hat. Bei mittlerer Hitze ohne Deckel köcheln lassen, bis die Soße dickflüssig ist. Zum Schluss mit Salz und Pfeffer abschmecken.

Dazu kochen Sie 300 g Spaghetti, aber bitte al dente, sonst schmeckt es grauenhaft. Geben Sie die gut abgetropften Spaghetti in eine vorgewärmte Schüssel und vermengen Sie sie mit einem Teil der Soße. Stellen Sie in einer kleinen Schüssel oder einer Sauciere noch extra Soße auf den Tisch. Dazu passen geriebener Parmesan und scharfes Chiliöl (Rezept hierzu im Kapitel »Spaghettiparty«, Seite 140).

Dessert
Vanilleeis mit Kürbiskernöl

Rezepte für 2 Personen
Zubereitungszeit: ca. 5 Minuten

Legen Sie schon am Nachmittag 3 Kugeln Eis in eine Dessertschale und stellen Sie diese in das Gefrierfach Ihres Kühlschrankes. Kurz vor dem Servieren gießen Sie etwas Kürbiskernöl darüber. Das sieht toll aus und schmeckt köstlich.

Menü 2

Vorspeise
Feldsalat mit Speck und Croutons

Für 2 Personen
Zubereitungszeit: ca. 30 Minuten

100 g Feldsalat	2 Scheiben Toastbrot
50 g geräucherter Speck	1 EL Butter

Für die Salatsoße:

3 EL Olivenöl	1 Knoblauchzehe
1 El Balsamicoessig	Salz und Pfeffer

Den Salat gut waschen und trocken schleudern. Den Speck sehr fein würfeln, vom Toast die Rinde abschneiden und auch in kleine Würfel schneiden. Den Speck in der Butter kross anbraten. Er muss richtig braun sein. Dann mit einer Siebkelle aus der Pfanne nehmen und in einer kleinen Schale beiseitestellen. In dem verbliebenen Fett die Brotwürfel braun anbraten und dann auf ein Küchenpapier schütten, um das Fett abtropfen zu lassen.

Die Zutaten für die Salatsoße in ein Glas mit Schraubverschluss geben und gut durchschütteln. Mit Salz und Pfeffer abschmecken. Kurz vor dem Servieren den Salat mit der Soße vermengen und Speck und Toastwürfel darüberstreuen.

Hauptgericht
Fischauflauf

Für 2 Personen
Zubereitungszeit: ca. 35 Minuten
Garzeit: 40 Minuten

100 g Champignons
1 große Zwiebel
1 Knoblauchzehe
2 EL Butter
Salz und Pfeffer
2 Fischfilets à 200 g (Kabeljau oder Rotbarsch)
Saft einer halben Zitrone
200 g Crème fraîche
1 Bund frische Petersilie

Champignons putzen und in Scheiben schneiden, Zwiebeln in Ringe schneiden, Knoblauch klein hacken. Die Zwiebeln und den Knoblauch in der Butter andünsten, dann die Pilze dazugeben und etwa 10 Minuten zugedeckt dünsten. Die Pilze ziehen etwas Wasser, was eine kleine Menge Soße ergibt. Mit Salz und Pfeffer abschmecken.

Während der Kochzeit die Fischfilets von beiden Seiten salzen und pfeffern, in eine kleine feuerfeste Form legen und mit dem Saft der Zitrone beträufeln. Nun das Gemüse mit der Soße darüber verteilen und darauf die Crème fraîche verstreichen.

Eine Stunde bevor Ihr Gast kommt, im auf 200 °C vorgeheizten Ofen 40 Minuten garen lassen. Dann den Ofen auf 50 °C schalten und den Auflauf dort so lange warm halten, bis Sie die

Hauptspeise servieren. Zuvor aber noch die klein gehackte Petersilie darüberstreuen.

> ### Tipp
> Vergessen Sie nicht, einen Untersetzer für die heiße Auflaufform bereitzustellen.

Dessert
Birnen mit Gorgonzolacreme

Für 2 Personen
Zubereitungszeit: ca. 10 Minuten

Eingelegte Birnen aus der Dose (pro Person 2 halbe)
50 g Mascarpone
50 g Gorgonzola
50 g fertig gehackte Haselnüsse

Die Birnen abtropfen lassen, Mascarpone und Gorgonzola im Mixer zu einer cremigen Masse verrühren. In die Birnen füllen und die zwei Hälften zusammenklappen. Dann in den gehackten Haselnüssen wälzen und mit einem kleinen Blatt als Stiel garnieren. Schmeckt toll!

Menü 3

Vorspeise
Chicoréesalat

Für 2 Personen
Zubereitungszeit: ca. 20 Minuten

2 Chicorée	je 3 EL Öl, Essig, Zitronensaft
2 Tomaten	1 TL Senf
100 g Emmentaler am Stück	1 Prise Zucker
2 hart gekochte Eier	Salz und Pfeffer

Den Chicorée halbieren, den bitteren Strunk herausschneiden und die Blätter auseinanderzupfen. Die Tomaten in Scheiben und den Käse in Würfel schneiden. Die Eier achteln. Diese Zutaten je zur Hälfte auf zwei Salatteller verteilen. Öl, Essig, Zitronensaft und Senf verrühren, mit Zucker, Salz und Pfeffer abschmecken. Die Soße über den angerichteten Salat gießen und vor dem Servieren kalt stellen.

Hauptgericht
Bœuf Stroganow

Für 2 Personen
Zubereitungszeit: ca. 35 Minuten

1 Zwiebel
100 g Butter
30 g Mehl
2 Gewürzgurken
100 g Champignons
250 ml Fleischbrühe

125 ml saure Sahne
1 TL Senf
1 EL Zitronensaft
Salz und Pfeffer
300 g Rinderfilet

Zwiebeln grob hacken, in 50 g Butter goldgelb andünsten, mit dem Mehl bestäuben. Dann die klein gehackten Gurken, die in Scheiben geschnittenen Pilze und die Brühe zugeben und 20 Minuten kochen. Nun die Sahne unterrühren und mit Senf, Zitronensaft, Salz und Pfeffer abschmecken.

Während die Soße köchelt, das Fleisch in schmale Streifen schneiden und bei kräftiger Hitze in der restlichen Butter in einer Pfanne anbraten. Es darf auf keinen Fall durchgebraten sein, sonst schmeckt es ledern. Achten Sie darauf, dass es noch rosa ist, wenn Sie es vom Feuer nehmen. Fleisch und Bratensaft mit der Soße mischen, nicht mehr aufkochen.

Dazu servieren Sie 125 g Kochbeutelreis.

Dessert
Birne Helene

Für 2 Personen
Zubereitungszeit: ca. 15 Minuten

4 Kugeln Vanilleeis
4 gedünstete Birnenhälften
1 Tasse Schokoladensirup
125 ml Schlagsahne
Vanillezucker

Je zwei Eiskugeln und zwei Birnenhälften (runde Seite nach oben) auf zwei Dessertteller legen, mit dem Schokoladensirup übergießen und mit der Vanilleschlagsahne garnieren.

Ein Essen für vier bis zehn Personen

Das schaffen Sie spielend!

Schon am Anfang unserer Ehe vor vielen Jahren begannen wir, unsere Freunde zu uns nach Hause zum Essen einzuladen. Sonntags meistens mittags und unter der Woche am Abend. Die Wohnung war klein, Geschirr und Gläser nicht besonders fein, und auch unsere finanziellen Mittel waren nicht gerade üppig. Aber wir hatten Spaß daran, zu kochen und unsere Freunde um uns zu haben.

Auch als ich dann mein eigenes Geschäft hatte und von morgens bis abends im Laden stand, behielten wir diese schöne Sitte bei. Oft wurde ich von meinen Freundinnen gefragt: »Warum tust du dir die viele Arbeit an, wie schaffst du das bloß?« »Es ist alles nur eine Frage der Organisation«, antwortete ich lachend. »Und außerdem macht es mir Freude.« Und das, liebe Leserinnen und Leser, ist das Wichtigste dabei. Sie müssen Spaß daran haben. Und der kommt von ganz allein, wenn Sie sehen, wie sehr sich Ihre Freunde und Bekannten freuen, dass Sie sich die Mühe machen, für sie zu kochen und in Ihre ganz private Welt hereinzulassen. Sie fühlen sich geehrt und betrachten sich als etwas Besonderes, denn schließlich laden Sie ja nicht jeden zu sich nach Hause ein! Sie »geben« etwas (wie das Wort Gastgeber ja beinhaltet) und zwar etwas ganz Persönliches von sich – Ihre Gastlichkeit.

Nun, diese hehren Worte können Ihnen schwerlich die Angst davor nehmen, vier oder mehr Leute zum Essen einzuladen, wenn Sie so etwas noch nie gemacht haben. Aber um Ihnen solche Ängste zu nehmen, schreibe ich ja dieses Buch, und Sie werden sehen, wenn Sie alles so machen, wie ich es Ihnen vorschlage, gelingt Ihnen das Essen mit links!

Ich habe in all den Jahren meiner Beruftätigkeit immer nur deutsche Hausmannskost gekocht, und zwar Gerichte, die man in keinem Restaurant so gut bekommt, und das habe ich bis heute beibehalten (mit Ausnahme meiner Spaghettatas, aber dazu komme ich im nächsten Kapitel). Ich bin mir sicher, meine Freunde würden sich sehr wundern, wenn ich plötzlich à la Witzigmann kochen würde. Inzwischen habe ich nämlich für Gerichte wie meine Rouladen, mein Sauerkrautgulasch, meine Königsberger Klopse oder meinen Grünkohl eine Fangemeinde. Es vergeht kein Dezember, in dem mein Freund Heino mich nicht daran erinnert, dass ja jetzt bald der Grünkohl geerntet wird. »Keine Sorge, lieber Freund«, entgegne ich dann lachend. »Du stehst ganz oben auf der Liste.« Dann strahlt er.

Ich mache Ihnen hier drei Menüvorschläge, die sehr leicht nachzukochen sind und die wirklich köstlich schmecken. Sie glauben gar nicht, was für einen Erfolg Sie damit haben werden.

Die Vorbereitungen

Wie fangen Sie nun an? Zuerst machen Sie eine Liste, wen und wie viele Sie einladen wollen. Dann legen Sie den Termin fest und beginnen (telefonisch mindestens eine Woche vorher) die Gäste einzuladen. Haken Sie ab, wer zugesagt hat. Wenn Sie schriftlich einladen, sollten Sie dies vierzehn Tage bis drei Wochen vorher tun.

Nun überlegen Sie sich, was Sie kochen wollen. Bei mehr als vier Gästen würde ich weder auf Vegetarier noch auf Allergien Rücksicht nehmen. Bei den Vorschlägen, die ich Ihnen mache, kann wirklich jeder satt werden, auch wenn er einen Gang auslässt. Decken Sie liebevoll den Tisch, das Auge isst mit! Anleitung dazu finden Sie im Kapitel »Geschirr, Besteck & Co« auf Seite 18 ff. Denken Sie an die Stoffservietten. Wenn Sie es besonders schön machen wollen, schreiben Sie eine Menükarte. Man kann sie in einem guten Papiergeschäft kaufen oder sich aus weißem Karton selber zurechtschneiden, etwa 10 x 12 cm groß (Muster siehe unten). Besorgen Sie sich einen Menükartenhalter oder legen Sie die Karte neben den Teller.

Menükarte

Tipp

Heben Sie die Menükarten auf für das nächste Essen mit anderen Gästen.

Bei mehr als vier Gästen empfiehlt es sich, eine Tischordnung zu machen. Haben Sie einen männlichen Ehrengast, gehört er als

Tischherr an Ihre linke Seite, ist er weiblich, als Tischdame an die Seite Ihres Mannes. Schneiden Sie aus weißem Karton etwa 6 x 6 cm große Kärtchen aus, knicken Sie sie zur Hälfte, schreiben Sie den jeweiligen Namen darauf und legen Sie sie auf den Teller oder stellen Sie sie oberhalb des Käsebesteckes auf. Sehr hübsch ist auch ein Blatt, entweder Efeu oder Rhododendron (Muster siehe unten). Schreiben Sie den Namen mit einem Goldstift darauf. Das sieht besonders hübsch auf einer weißen Serviette oder einem weißen Teller aus.

Kontrollieren Sie am Nachmittag anhand Ihrer Checkliste (siehe Kapitel »Tipps, die für jede Einladung gelten«, Seite 12), ob alles in Ordnung ist. Eine halbe Stunde bevor Ihre Gäste kommen, müssen Sie mit allem fertig sein. Zünden Sie die Kerzen an, nehmen Sie einen Drink zur Entspannung, und freuen Sie sich auf einen schönen Abend.

Die Zutaten der drei folgenden Menüs sind für **zehn Personen** berechnet, da ich (fast) immer zehn Gäste habe und mich mit dieser Menge besonders gut auskenne. Wenn Sie nur zu viert, zu sechst oder zu acht sind, teilen Sie die angegebenen Zutaten einfach durch zehn und multiplizieren Sie die Menge mit der Zahl der zu bekochenden Gäste.

Tischkärtchen

Menüvorschläge für vier bis zehn Personen

Menü 1

Vorspeise
Bärlauch-Kartoffel-Suppe

Für 10 Personen
Zubereitungszeit: ca. 40 Minuten

2 kg mehligkochende Kartoffeln
3 EL gekörnte Brühe
100 g Bärlauch (sammeln Sie ihn im Mai im Wald, zerkleinern
  Sie ihn, und frieren Sie ihn in kleinen Gläsern portionsweise
  ein)
500 g Crème fraîche
Salz und Pfeffer

Die geschälten Kartoffeln in einem großen Topf in reichlich Wasser mit der gekörnten Brühe kochen. Kurz bevor sie weich sind, den Bärlauch dazugeben und 10 Minuten mitkochen. Auskühlen lassen und dann mit einem Mixstab pürieren. Crème fraîche dazugeben. Wenn das Ganze zu dickflüssig ist, noch etwas Wasser dazugeben, noch einmal aufkochen und mit Salz und Pfeffer würzen.

Hauptgericht
Rindsrouladen mit Rotkohl und Kartoffelbrei

Für 10 Personen
Zubereitungszeit: ca. 40 Minuten
Kochzeit 1–1,5 Stunden

15–20 Rindsrouladen (ich mache immer so viel, da manche
Männer 2 Stück essen – was übrig bleibt, wird eingefroren)
Salz und Pfeffer
mittelscharfer Senf
15–20 dünne Scheiben geräucherter, durchwachsener
Bauchspeck (in Bayern »Wammerl«)
10 mittelgroße Gewürzgurken
1 Bund frische Petersilie
hölzerne Zahnstocher
100 g Margarine oder Butterschmalz
3 große Zwiebeln
4 große Tomaten
dunkler Soßenbinder

Rouladen auf einem großen Brett ausbreiten, salzen, pfeffern
und mit dem Senf bestreichen. Mit einer Scheibe Speck und einer halben Gewürzgurke belegen, das Ganze mit etwas gehackter
Petersilie bestreuen. Dann zusammenrollen und mit ein oder
zwei Zahnstochern feststecken.

Nun die Rouladen in zwei großen flachen Töpfen in dem heißen Fett rundherum braun anbraten. Dann die klein gehackten
Zwiebeln und gepellten, ebenfalls klein geschnittenen Tomaten
dazugeben, kurz mit anbraten, etwas Wasser aufgießen und auf

kleiner Flamme zugedeckt 1,5–2 Stunden schmoren lassen. Immer wieder etwas Wasser nachgießen. Wenn das Fleisch weich ist, die Soße mit Soßenbinder binden.

Rotkohl

2 mittelgroße Köpfe Rotkohl
2 mehlige Äpfel
2 Zwiebeln
4 Nelken
200 g Schweineschmalz

4 EL klare Brühe
1 kleine Tasse Essig oder
  Rotwein
Salz, Pfeffer und Zucker

Den Kohl vierteln, den Strunk herausschneiden und wegwerfen. Den Kohl in feine Streifen schneiden, Äpfel und Zwiebeln schälen und vierteln, die Zwiebeln mit den Nelken spicken. Das Schmalz in einem großen Topf zergehen lassen, Kohl, Äpfel, Zwiebeln und klare Brühe dazugeben, den Essig dazuschütten und zugedeckt auf kleiner Flamme mindestens 1 Stunde köcheln lassen. Immer wieder umrühren, damit es nicht anbrennt. Wenn es zu trocken wird, etwas Wasser zugeben. Der Kohl muss ganz weich sein, dann ist er richtig. Zum Schluss mit Zucker, Salz und Pfeffer abschmecken.

> **Tipp**
> Lässt sich sehr gut einfrieren.

Dazu servieren Sie 500 g Kartoffelbrei aus der Tüte. Mit 2–3 EL Butter schmeckt er wie selbst gemacht. Die Zubereitungszeit ist auf dem Paket angegeben.

Dessert
Griesnockerln mit Mohnbröseln

Für 10 Personen
Zubereitungszeit: ca. 40 Minuten

1 l Milch
500 g Butter
8 EL Zucker
2 Päckchen Vanillezucker
1 TL Salz
300 g Hartweizengrieß

abgeriebene Schale einer
  ungespritzten Zitrone
4 Eier
8 EL frische Weißbrotbrösel
8 EL gemahlener Mohn
5 EL Zimtzucker

Milch, 200 g Butter, Zucker, Vanillezucker und das Salz aufkochen. Den Gries dazugeben und bei schwacher Hitze so lange rühren, bis die Masse sich vom Topfboden löst. Vom Feuer nehmen, die abgeriebene Schale der Zitrone zugeben und nacheinander die Eier unterrühren, bis sich die Masse bindet. Abkühlen lassen.

Einen großen Topf mit gesalzenem Wasser zum Kochen bringen. Mit einem feuchten Esslöffel Nockerl formen, bei der Menge ergibt das mindestens 30–35 Stück, und langsam in das nun nicht mehr sprudelnde Wasser gleiten lassen. 10 Minuten bei schwacher Hitze ziehen lassen. Währenddessen 150 g Butter in einer Pfanne erhitzen, die Brösel braun anbraten und unter ständigem Rühren den Mohn und zum Schluss den Zimtzucker zugeben. Knödel aus dem Wasser nehmen, abtropfen lassen, auf zehn Dessertteller verteilen, die restliche Butter zerlassen und darüberträufeln. Nun die Mohnbrösel darüberstreuen.

Dazu kann man, wenn man will, ein Kompott reichen. Besonders eignet sich Birnen- oder Pflaumenkompott.

Menü 2

Vorspeise
Schinken mit Melone

Für 10 Personen
Zubereitungszeit: ca. 15 Minuten

1 kg roher Schinken, in feine Scheiben geschnitten
5 Honigmelonen
grober schwarzer Pfeffer

Die Melonen schälen, entkernen und vierteln. Je zwei Scheiben auf zehn Kuchenteller legen und den Schinken darauf anrichten. Mit dem groben Pfeffer bestreuen.

Statt der Melone können Sie auch Feigen nehmen.

Hauptgericht
Königsberger Klopse

Für 10 Personen
Zubereitungszeit: ca. 45 Minuten

2 Zwiebeln
2–3 alte Brötchen oder
    altes Weißbrot
1,5 kg gemischtes Hackfleisch
3 Eier
Salz und Pfeffer
3 EL gekörnte Brühe
100 g Margarine
10 EL Mehl
300 g Kapern
400 g saure Sahne
heller Soßenbinder

Die Zwiebeln klein hacken, Brötchen oder Weißbrot in Wasser einweichen, dann ausdrücken. Beides mit dem Fleisch und den Eiern gut vermischen, salzen und pfeffern. Einen großen Topf mit etwa 2 l Wasser und der gekörnten Brühe zum Kochen bringen. Derweil aus dem Fleischteig mittelgroße Klopse formen. Die Menge ergibt 25–30 Stück. Nun die Klopse in das kochende Wasser geben und bei mittlerer Hitze sieden. Wenn sie an die Oberfläche kommen, das dauert ungefähr 15 Minuten, die Klopse mit einer Siebkelle herausfischen und beiseite stellen.

   In einem anderen großen Topf aus der Margarine und dem Mehl eine Mehlschwitze machen und mit dem Klopswasser ablöschen, bis die Soße die richtige Dicke hat. Dabei ständig mit einem Quirl rühren, damit es keine Mehlklumpen gibt. Machen Sie ordentlich viel Soße, die Leute lieben das! Nun die Kapern mit dem Saft und die Sahne unterrühren, mit Salz und Pfeffer abschmecken. Wenn die Soße zu dünn ist, dicken Sie sie mit hellem Soßenbinder noch etwas an. Nun geben Sie die Klopse wieder in die Soße, und lassen Sie sie noch einmal auf ganz kleiner Flamme 15 Minuten durchziehen.

Dazu servieren Sie 2 kg mehlige Kartoffeln.

Dessert
Erdbeeren mit Sahne und Baiser

Für 10 Personen
Zubereitungszeit: ca. 25 Minuten

1,5 kg Erdbeeren
3 Becher süße Sahne à 200 g
150 g Baiser

Erdbeeren waschen, vierteln, in eine große Schüssel geben und leicht einzuckern. Sahne mit etwas Zucker oder Süßstoff steif schlagen. Das Baiser in ein sauberes Küchentuch wickeln und in kleine Stücke zerbröseln. Es soll aber nicht pudrig werden. Erst kurz vor dem Servieren Baiser und Sahne unter die Erdbeeren mischen. Es schmeckt einfach toll!

Menü 3 (für Vegetarier)

Vorspeise
Feldsalat mit Pilzen

Für 10 Personen
Zubereitungszeit: ca. 20 Minuten

500 g Feldsalat
250 ml Olivenöl
3–4 EL Essig (ich nehme immer Balsamicoessig)
1 EL klare Brühe
1 Knoblauchzehe
Salz und Pfeffer
500 g weiße oder braune Champignons

Feldsalat gründlich waschen und trocken schleudern.

Öl, Essig, klare Brühe und die durchgedrückte Knoblauchzehe in ein Glas mit Schraubverschluss geben und kräftig durchschütteln. Probieren, ob die Soße genug gewürzt ist, eventuell mit etwas Salz und Pfeffer nachwürzen.

Die Champignons erst kurz vor dem Servieren in feine Scheiben hobeln, unter den Salat mischen und vorsichtig mit der Soße vermengen.

Hauptgericht
Senfeier

Für 10 Personen
Zubereitungszeit: ca. 30 Minuten

20–25 Eier (wie bei den Klopsen gibt es Leute, die mehr als
    2 Stück essen, besonders, wenn es gut schmeckt)
100 g Margarine
8 EL Mehl
1,5–2 l Milch
3–4 EL Senf (wenn Sie es schärfer haben wollen, nehmen Sie
    etwas mehr)
Salz und Pfeffer
heller Soßenbinder

Die Eier je nach Größe 7–8 Minuten kochen. Sie sollen nicht
knochenhart sein. Abschrecken und schälen. Mit der Margarine
und dem Mehl eine Mehlschwitze machen, dann nach und nach
die Milch zugießen, bis die Soße sämig ist. Dabei ständig mit
einem Quirl rühren, damit es keine Klumpen gibt. Den Senf unterrühren, mit Salz und Pfeffer abschmecken. Wenn die Soße zu
dünn ist, mit hellem Soßenbinder noch etwas andicken. Dann
die Eier dazugeben.

    Dazu servieren Sie 2 kg mehlige Kartoffeln.

Dessert
Bayerische Creme

Für 10 Personen
Zubereitungszeit: ca. 25 Minuten

5 Blatt weiße Gelatine	3 Vanilleschoten
3 EL Kirschwasser	160 g Zucker
6 Eigelb	800 g Schlagsahne

Gelatine in kaltem Wasser einweichen, ausdrücken und mit dem Kirschwasser und 3 EL warmem Wasser auflösen.

Eigelb, das Mark der Vanilleschoten und Zucker schaumig rühren. Sahne steif schlagen. Etwas Sahne mit der aufgelösten Gelatine mischen und unter die Schaummasse rühren. Restliche Sahne unterheben, in eine Schüssel füllen und über Nacht kühl stellen. Dazu kann man frische Aprikosen, Himbeermousse oder eingelegte Mandarinen servieren.

Käseplatte

Anregungen hierzu finden Sie im Kapitel »Cocktail Prolongé«, Seite 65.

Bei mir gibt es immer Käse zum Abschluss. Die Meinungen gehen auseinander, ob man den Käse vor oder nach der Süßspeise reicht. Bei mir gibt es ihn danach, und es hat sich noch nie jemand beschwert. Aber Sie können es machen, wie Sie wollen, beides ist richtig!

Spaghettiparty

Genießen auf Italienisch

Die ersten Spaghetti aß ich – ich muss zwölf oder dreizehn Jahre alt gewesen sein – bei meiner »allerbesten Freundin« Floh. Ihre Mutter war eine sehr unkonventionelle Frau, die uns beibrachte, wie man einen verführerischen Augenaufschlag macht – sie war der Meinung, das könne man nicht früh genug lernen – und wie man Spaghetti isst. Von diesem Gericht hatte ich noch nie gehört. Es war sozusagen Liebe auf den ersten »Biss«, eine Liebe, die bis heute andauert.

Spaghetti ist eines meiner Lieblingsgerichte, und sogar meine italienischen Freunde sind immer voll des Lobes über meine Spaghettatas – so heißen die Spaghettipartys auf italienisch. Egal, ob Sie zu einem Spaghettiessen zwei, vier oder mehr Personen einladen, es kurzfristig beschließen oder länger planen: Mit ein bisschen »Drumherum« machen Sie daraus ein kleines Fest.

Die wichtigsten Zutaten

Mit den folgenden Zutaten können Sie, auch ohne das Haus zu verlassen, folgende Spaghettigerichte kochen: Spaghetti all'arrabbiata (Rezept im Kapitel »Romantisches Diner zu zweit« , Seite 103), Spaghetti alla puttanesca (Rezept im Kapitel »Cocktail Prolongé«, Seite 61), Spaghetti aglio, olio e peperoncino (Rezept in diesem Kapitel, Seite 139) und Spaghetti mit Thunfisch (Rezept im Kapitel »Picknick im Grünen«, Seite 194) oder mit Pilzen (Rezept in diesem Kapitel, Seite 141):

- mehrere Packungen Spaghetti
- mehrere Dosen geschälte Tomaten
- Zwiebeln
- Knoblauch
- Olivenöl
- gekörnte Brühe
- getrocknete Chilischoten
- Oliven, Kapern und Sardellenfilets im Glas
- Thunfisch in Dosen
- Tomatenmark in Dosen oder in der Tube
- getrocknete Kräuter wie Thymian, Salbei, Basilikum, Rosmarin
- getrocknete Pilze wie Steinpilze und chinesische Mu-Err-Pilze
- 1 Glas Pesto (es gibt sehr gutes Pesto zu kaufen, mein Rezept für ein Bärlauchpesto finden Sie in diesem Kapitel auf Seite 140)
- 1 Glas Chiliöl (Rezept in diesem Kapitel, Seite 140)
- 1 Pasta Frolla als Dessert (Rezept in diesem Kapitel, Seite 148)

Im Tiefkühlfach Ihres Eisschrankes hat außerdem immer ein kleines Baguette Platz, das in 15 Minuten im vorgeheizten Ofen aufgebacken ist, und ein Stück Parmesan und frische, selbst gehackte Petersilie (die Sie in ein altes Marmeladenglas füllen).

Mit diesen Zutaten, die alle lange haltbar sind (achten Sie beim Kauf unbedingt auf das Verfallsdatum), können Sie jederzeit ohne Stress, bei Tag und bei Nacht oder für Freunde, die Sie uneingeladen überfallen, eine kleine Spaghettiparty zaubern. Den Wein sollen dann Ihre Gäste mitbringen!

Die Vorbereitung

Wenn Sie nun aber zu einer Spaghettiparty einladen, gehört schon ein bisschen mehr dazu als nur Spaghetti und eine Pasta Frolla. Sie brauchen mehrere Vorspeisen, eine Soße, ein Dessert und eine Käseplatte. Ich bin davon abgekommen, mehr als zehn Personen zu diesem Essen einzuladen. Die Spaghetti müssen **unbedingt** al dente sein, das heißt, sie müssen noch Biss haben, sonst schmecken sie furchtbar, und das ist, vor allem wenn man in der Küche keine Hilfe hat, für mehr als zehn Personen schwer hinzukriegen.

Tipp

Sollten es aber doch mal mehr als zehn Personen sein, machen Sie Folgendes: Um immer wieder schnell frische, al-dente-gekochte Spaghetti parat zu haben, kochen Sie 1–2 kg Spaghetti etwa 6 Minuten, und gießen Sie sie dann in ein großes Sieb. Lassen Sie einen großen Topf mit kochendem Wasser auf dem Herd stehen. Wenn wieder frische, heiße Nudeln benötigt werden, hängen Sie das Sieb für 2–3 Minuten in das kochende Wasser, bis die Spaghetti al dente sind (unbedingt probieren!). Wenn Sie einen Spaghettitopf mit Einsatz haben, ist das natürlich optimal.

Die richtigen Mengen

Bei den folgenden Rezepten, die alle für vier Personen berechnet sind, ist sicher für jeden etwas dabei. Was Sie noch brauchen, sind Tipps, wie Sie das Ganze gestalten sollen. Wenn man keine Partyerfahrung hat, fehlt einem meistens das Gefühl für die Mengen. Wenn Sie also fünf Vorspeisen planen und zehn Gäste haben, nehmen Sie einfach die hier angegebenen Mengen, dann haben Sie 20 Portionen. Das reicht. Man soll sich nicht daran satt essen, es folgen ja noch drei Gänge. Bei den Soßen und den Desserts machen Sie es genauso. Bei zehn Gästen verdreifachen Sie einfach die angegebenen Mengen, dann haben Sie vielleicht ein wenig zu viel, aber die meisten Soßen lassen sich gut einfrieren, und das Dessert schmeckt auch noch am nächsten Tag.

Tipp

Rechnen Sie pro Person 120–130 g Spaghetti. Das ist nach den Vorspeisen reichlich. Wahrscheinlich bleibt davon sogar etwas übrig, aber auch das kann man am nächsten Tag wunderbar aufwärmen.

Wie Sie einladen und den Tisch decken, wissen Sie ja bereits aus den vorigen Kapiteln (siehe hierzu vor allem die Kapitel »Tipps, die für jede Einladung gelten« und »Geschirr, Besteck & Co«). Bei einer Spaghettiparty kann man aber auch statt der Blumen zwei oder, wenn der Tisch größer ist, sogar vier Basilikumtöpfe in hübschen Einsatztöpfen hinstellen und als Menükartenhalter benutzen. Das sieht nicht nur entzückend aus, es riecht auch noch gut. Um die Servietten (natürlich aus Stoff) binden Sie grüne, weiße und rote Bänder, die italienischen Farben, und stecken als Tischkarte ein grünes Blatt mit dem Namen des Gastes darauf hinein. Vergessen Sie bei einem Abendessen die Kerzen nicht.

Tipp

Bei einer Spaghettata stelle ich keine Blumen auf den Tisch (außer vielleicht die kleinen Basilikumtöpfe), sondern alle Schüsseln mit den Vorspeisen und einen Brotkorb mit in Scheiben geschnittenem Weißbrot. Was die Gäste auch noch besonders lieben, ist eine ganze Salami auf einem Brett mit einem scharfen Messer, von der sich jeder selbst etwas abschneiden kann.

Rezeptvorschläge

Vorspeisen
Mozzarella mit Basilikum

Für 4 Personen
Zubereitungszeit: ca. 10 Minuten

4 große Tomaten
4 Kugeln Mozzarella
Salz
4–5 EL kalt gepresstes Olivenöl
2–3 EL Balsamicoessig
grob gemahlener schwarzer Pfeffer
1 Bund frisches Basilikum

Tomaten und Mozzarella in Scheiben schneiden und auf einer großen Platte anrichten. Leicht salzen. Dann das Öl und den Essig darüberträufeln. Nun den groben Pfeffer darüber verstreuen und zum Schluss die Basilikumblätter lose darauf verteilen.

Salat aus dicken weißen Bohnen mit Thunfisch

Für 4 Personen
Zubereitungszeit: ca. 20 Minuten

3 Dosen dicke weiße Bohnen à 400 g
2 Dosen Thunfisch à 200 g
1 große Zwiebel
2 EL grober schwarzer Pfeffer
1 Tasse Olivenöl
3–4 EL Balsamicoessig
1 Knoblauchzehe
1 TL klare Brühe
Salz
1 Bund frische Petersilie

Bohnen und Thunfisch abgießen und mit der klein gehackten Zwiebel und 1 EL grobem Pfeffer in einer Schüssel vermengen. Aus dem Öl, dem Essig, der durchgedrückten Knoblauchzehe, der klaren Brühe und Salz eine Salatsoße machen und über den Salat gießen. Die Hälfte der klein gehackten Petersilie unterheben. Ab und zu umrühren, damit die Bohnen die Soße gut absorbieren. Zum Schluss mit dem Rest der Petersilie und des groben Pfeffers bestreuen.

Peperonata siciliana

Für 4 Personen
Zubereitungszeit: ca. 15 Minuten
Kochzeit: ca. 20–25 Minuten

Je 3 rote und gelbe Paprikaschoten
2 große Zwiebeln
2 Knoblauchzehen
1 Tasse Olivenöl
2 TL klare Brühe
150 g Rosinen
100 g Pinienkerne

Die Paprika halbieren, entkernen, den Stielansatz und das weiße Fruchtfleisch entfernen und in etwa 3 cm breite Streifen schneiden. Zwiebeln schälen und in Ringe schneiden, Knoblauch klein hacken. Beides in dem Öl andünsten. Dann die Paprikaschoten dazugeben, die klare Brühe unterrühren und etwa 15 Minuten zugedeckt dünsten. Ab und an umrühren und etwas Wasser dazugeben, falls es zu trocken wird. Dann die Rosinen dazugeben und noch so lange dünsten, bis die Schoten fast gar sind. Sie sollen noch ein wenig Biss haben. Zum Schluss eventuell noch mit etwas Salz abschmecken.

Während das Gemüse kocht, rösten Sie die Pinienkerne in einer Pfanne ohne Fett an. Kurz vor dem Servieren über das Gemüse geben. Es kann kalt oder lauwarm serviert werden.

Zucchinicarpaccio

Für 4 Personen
Zubereitungszeit: ca. 10 Minuten

3 mittelgroße Zucchini
Salz und feiner weißer Pfeffer
1 EL Zitronensaft
1 Stück Parmesan

Die Zucchini waschen, die Enden abschneiden und längs in hauchdünne Scheiben schneiden. Auf einer Platte anrichten, mit Salz und Pfeffer bestreuen und mit dem Zitronensaft beträufeln. Seien Sie vorsichtig mit der Zitrone, sonst wird das Ganze zu sauer. Mit einem Hobel Parmesan darüberreiben. Den Rest des Käsestückes legen Sie auf die Käseplatte.

Vitello tonnato

Für 4 Personen
Zubereitungszeit: ca. 1 Stunde

1 Zwiebel
1 Bund Suppengrün
Salz
2 Lorbeerblätter
3 schwarze Pfefferkörner
500 g Kalbsnuss
1 Ei
1 Eigelb
1 Glas Kapern
2–3 Sardellenfilets
1 Dose Thunfisch (200 g)
Saft von einer Zitrone
3–4 EL Öl
Pfeffer

In einem großen Topf mit etwa 2 l Wasser die ganze Zwiebel, das Suppengrün, 1 EL Salz, Lorbeerblätter und Pfefferkörner zum Kochen bringen. Das Fleisch dazugeben und etwa 30 Minuten zugedeckt köcheln lassen. Dann das Fleisch herausnehmen, Brühe und Fleisch abkühlen lassen.

Inzwischen das Ei zusammen mit dem Eigelb, der Hälfte der Kapern, den Sardellenfilets, dem Thunfisch, dem Zitronensaft, der Hälfte des Öls und etwas Salz in eine Schüssel geben und mit einem Mixstab pürieren. Dabei langsam das restliche Öl zugeben, bis eine cremige Soße entstanden ist. Sollte die Soße zu dickflüssig sein, etwas von der Fleischbrühe untermixen. Mit Salz und Pfeffer abschmecken. Wenn das Fleisch kalt ist, im Gefrierfach kurz anfrieren, wieder herausnehmen und in sehr feine Scheiben schneiden.

Auf einer großen Platte anrichten und mit der Soße überziehen. Mit den restlichen Kapern bestreuen.

Tipp

Die Brühe können Sie einfrieren. Sie eignet sich für jede Art von Suppe.

Auberginenmousse

Für 4 Personen
Zubereitungszeit: ca. 45–50 Minuten

1 große Aubergine	1 Dose geschälte Tomaten
1 große Zwiebel	(800 g)
2 Knoblauchzehen	2–3 EL klare Brühe
1 Tasse Olivenöl	Salz und feiner weißer Pfeffer

Aubergine, Zwiebel und Knoblauch in Würfel schneiden und im heißen Öl anschmoren. Die Tomaten abgießen und dazugeben (bewahren Sie den Saft auf), die klare Brühe unterrühren und ohne Deckel köcheln lassen, bis die Auberginen weich sind. Immer wieder umrühren und eventuell etwas Tomatensaft zugeben, falls es zu trocken wird und ansetzt. Wenn das Ganze ausgekühlt ist, in einem Mixer pürieren. Mit Salz und Pfeffer abschmecken.

Wird kalt serviert, zusammen mit Baguette oder Ciabatta, und schmeckt köstlich.

Tipp

Machen Sie gleich mehr und frieren Sie den Rest ein für die nächste Spaghettiparty!

Hauptgerichte
Spaghetti aglio, olio e peperoncino

Für 4 Personen
Zubereitungszeit: ca. 15 Minuten
Kochzeit der Spaghetti: nach Packungsanweisung

3–4 Knoblauchzehen
2–3 getrocknete Chilischoten
1 Bund frische Petersilie

600–650 g Spaghetti
½ Tasse Olivenöl
Salz und schwarzer Pfeffer

Den Knoblauch schälen und in Scheiben schneiden. Die Chilischoten im Mörser zerstoßen oder mit den Fingern zerbröseln. Die Petersilie fein hacken. Die Spaghetti in einem großen Topf in gut gesalzenem Wasser al dente kochen.

Währenddessen den Knoblauch im heißen Öl anbraten, bis sie goldgelb sind. Sie sollen nicht braun werden. Dann die Pfanne vom Feuer nehmen. Wenn die Spaghetti fertig sind, in einem Sieb nur so weit abtropfen lassen, dass sie nicht ganz trocken sind. Nun die Pfanne auf den Herd zurückstellen und die Nudeln dazugeben. Die Petersilie und die Hälfte der Chilischoten unterheben, probieren, ob die Schärfe reicht. Falls nicht, den Rest dazugeben.

Für die, denen es immer noch nicht scharf genug ist, sollten Sie Ihr selbst gemachtes Chiliöl dazustellen. Das passt zu fast allen Spaghettigerichten:

Chiliöl

Zubereitungszeit: ca. 5 Minuten

Je nach Größe des Glases 10–15 getrocknete Chilischoten zerbröseln und in ein Glas mit Schraubverschluss geben. Mit Olivenöl auffüllen und einige Tage ziehen lassen.

Zum Servieren in ein Schälchen oder ein Ölkännchen geben.

Spaghetti al pesto (Bärlauchpesto)

Für 4 Personen
Zubereitungszeit für das Pesto: ca. 25 Minuten
Kochzeit der Spaghetti: nach Packungsanweisung

150 g Bärlauch	Öl
25 g Pinienkerne	Salz und Pfeffer
25 g geriebener Parmesan	600–650 g Spaghetti

Bärlauch sehr gut waschen und mit dem Mixstab pürieren. Pinienkerne sehr klein hacken und mit dem Parmesan unterrühren. So viel Öl dazugeben, dass es eine cremige Masse ergibt. Mit Salz und Pfeffer würzen.

Die Spaghetti in reichlich Salzwasser al dente kochen, gut abgießen und in eine vorgewärmte Schüssel füllen. Mit etwas Olivenöl übergießen, damit sie nicht aneinanderkleben. Mit dem Pesto in einer Extraschüssel, geriebenem Parmesan und dem Chiliöl servieren.

Spaghetti mit Pilzen

Für 4 Personen
Zubereitungszeit: ca. 30 Minuten
Kochzeit für die Spaghetti: nach Packungsanweisung

2 Zwiebeln
2 Knoblauchzehen
400 g frische Pilze (Steinpilze, Pfifferlinge oder Champignons)
    oder 150 g getrocknete Steinpilze oder oder Mu-Err-Pilze
3–4 EL Olivenöl
100 g Butter
1 Glas Weißwein
2 TL gekörnte Brühe
Salz und grob gemahlener schwarzer Pfeffer
600–650 g Spaghetti
1 Bund frische Petersilie

Zwiebeln halbieren und in Scheiben schneiden, Knoblauch klein
hacken. Die Pilze putzen und in mundgerechte Streifen oder
Scheiben schneiden. Wenn Sie getrocknete Pilze verwenden, diese
1 Stunde in lauwarmem Wasser einweichen, dann gut spülen, damit kein Sand zurückbleibt, und über einem Sieb abgießen.

Das Öl zusammen mit der Butter in einer großen Pfanne erhitzen. Zwiebeln und Knoblauch darin goldgelb anbraten. Dann
die Pilze und den Weißwein dazugeben und mit der gekörnten
Brühe bestreuen. Alles gut vermengen und bei schwacher Hitze
zugedeckt etwa 15 Minuten dünsten. Ab und zu umrühren und
bei Bedarf noch etwas Wein zugeben. Es darf nicht zu trocken
werden. Mit Salz und Pfeffer abschmecken.

Währenddessen die Spaghetti al dente kochen und die Petersilie klein hacken. Die gut abgetropften Nudeln mit dem Pilzgemüse vermischen. Kurz vor dem Servieren die Petersilie und etwas groben Pfeffer darüberstreuen.

Dazu passt auch sehr gut das scharfe Chiliöl.

Spaghetti Bolognese alla Mamma

Für 4 Personen
Vorbereitungszeit: ca. 15 Minuten
Kochzeit: ca. 1 Stunde

500 g gemischtes Hackfleisch
1 Tasse Öl
100 g geräucherter, durchwachsener Bauchspeck (in Bayern »Wammerl«)
1 Bund Suppengrün
1 große Zwiebel
2 Knoblauchzehen
1 Dose geschälte Tomaten (800 g)
1 halbe Tube Tomatenmark
1 Lorbeerblatt
1 Tasse Rotwein
1 Tasse heiße Milch
2 EL gekörnte Brühe
Salz und Pfeffer
600–650 g Spaghetti

Das Hackfleisch in dem heißen Öl anbraten, bis es bröselig ist. Die Schwarte vom Speck entfernen. Dann den klein geschnittenen Speck, Suppengrün, Zwiebel und Knoblauch dazugeben und kurz mit anbraten. Dann die Tomaten (den Saft abgießen und aufbewahren), das Tomatenmark, das Lorbeerblatt, den Rotwein, die heiße Milch und die Brühe unterrühren und 1 Stunde auf kleiner Flamme einkochen lassen. Immer wieder umrühren, damit es nicht ansetzt. Eventuell etwas von dem Tomatensaft zugeben. Zum Schluss mit Salz und Pfeffer abschmecken. Währenddessen die Spaghetti al dente kochen. Bei diesem Gericht werden Spaghetti und Soße getrennt serviert – in zwei verschiedenen Schüsseln – oder bereits in der Küche auf Tellern angerichtet. Das heißt, auf die Spaghetti kommen zwei Löffel von der Fleischsoße, und der Gast rührt es selbst um. Ich allerdings bevorzuge die erste Version. Da kann sich jeder Gast selbst so viel nehmen, wie er mag.

Zu diesem Gericht passen wieder das scharfe Öl und geriebener Parmesan.

Desserts
Crema di Lampone

Für 4 Personen
Zubereitungszeit: ca. 30 Minuten
Kühlzeit: 2–3 Stunden

1 Packung Löffelbiskuits
250 ml Milch
1 Schnapsglas Rum
250 g frische oder
  tiefgefrorene Himbeeren

2 Blatt weiße Gelatine
200 g Schlagsahne
2 Eier
100 g Zucker

Eine rechteckige Form oder Schüssel mit den Biskuits auslegen. Die Milch mit dem Rum verrühren und über die Biskuits gießen. Sie müssen gut vollgesaugt sein. Wenn die Flüssigkeit nicht reicht, noch etwas Rum zugeben.

Frische Himbeeren verlesen, fall nötig, mit kaltem Wasser abbrausen und vom Stielansatz befreien. 10 schöne Beeren für die Dekoration beiseitelegen. Die restlichen Himbeeren auf den eingeweichten Biskuits verteilen. Die Gelatine einige Minuten in kaltem Wasser einweichen. Die Sahne steif schlagen. Nun die Eier zusammen mit dem Zucker in eine Schüssel geben und über einem warmen Wasserbad schlagen, bis eine dickschaumige Creme entstanden ist. Die ausgedrückte Gelatine und die Sahne unterziehen und das Ganze über die Biskuits und Himbeeren in der Schüssel verteilen.

Im Kühlschrank in 2–3 Stunden fest werden lassen. Vor dem Servieren mit den restlichen Himbeeren dekorieren.

145

Zabaione

Für 4 Personen
Zubereitungszeit: ca. 10 Minuten

4 Eigelb
4 EL Zucker
4–6 EL Marsalawein

Die Eigelb mit dem Zucker in einer Schüssel über einem warmen Wasserbad zu einer schaumigen Creme schlagen. Dabei nach und nach den Marsala zugeben. Die Creme in Sektkelche oder Sektgläser gießen und lauwarm servieren.

Zabaione ist eines der bekanntesten italienischen Desserts. In die klassische Version gehört, wie oben angegeben, Marsala. Hin und wieder verwende ich aber auch einen guten Muskateller wie Moscato Passito, der der Creme einen besonders fruchtigen Geschmack gibt.

Variante: Manchmal serviere ich die Zabaione auch mit 200 g gewaschenen, halbierten und entkernten blauen Weintrauben. Die Früchte auf vier Gläser verteilen und die Zabaione darübergießen.

Mascarpone-Creme

Für 4 Personen
Zubereitungszeit: ca. 15 Minuten

3 Eier
50 g Zucker
500 g Mascarpone
1 Glas Obstler

Die Eier trennen. Das Eigelb mit dem Zucker in einer Schüssel mit dem Schneebesen des Handrührgerätes dick-cremig schlagen. Die Mascarpone unter die Eigelbcreme rühren. Das Eiweiß steif schlagen. Erst den Obstler und dann das Eiweiß vorsichtig unter die Mascarpone-Creme ziehen. Bis zum Servieren kalt stellen.

Dazu passt Schokoladensoße oder Himbeerpüree.

Tipp
In Norditalien kommt nach dem Essen immer eine Pasta Frolla auf den Tisch. Das ist ein reiner Mürbeteigboden (Rezept Seite 148), der mit Puderzucker bestreut auf einem flachen großen Teller serviert wird. Davon bricht man sich Stücke ab, die man, wenn man will, vorher mit Grappa tränken kann. Das schmeckt einfach toll! Probieren Sie es mal.

Pasta Frolla (Mürbeteigboden)

Für 4 Personen
Zubereitungszeit (inkl. Backzeit): ca. 1 Stunde

200 g Mehl
100 g Zucker
1 Päckchen Vanillezucker
1 EL Puderzucker
75 g Butter
1 Ei

Alle Zutaten zu einem festen Teig vermischen und in einer flachen Tortenform im vorgeheizten Ofen 55 Minuten backen. Dann auf einen Teller oder eine Platte stürzen und mit Puderzucker bestreuen.

Käseplatte

Auch hier gibt es als Abschluss bei mir immer eine Käseplatte, wie im Kapitel »Cocktail Prolongé« auf Seite 65 beschrieben.

Lady's Lunch

Was ist ein Lady's Lunch?

Ein Lady's Lunch ist ein Mittagessen, zu dem nur Frauen geladen sind. In Amerika schon seit vielen Jahren ein fester Bestandteil des gesellschaftlichen Lebens, kommt es auch hier mehr und mehr in Mode. Man lädt mittags seine Freundinnen oder Bekannten entweder in ein Restaurant oder zu sich nach Hause ein.

Wenn Sie sich, aus welchem Grund auch immer, für ein Restaurant entscheiden, bestellen Sie dort einen Tisch. Sie können ein festes Menü ordern, aber Ihre Gäste das Essen auch à la carte aussuchen lassen. Seien Sie zehn Minuten vor der angegebenen Zeit dort, um die Damen persönlich zu empfangen und eventuell eine Tischordnung zu arrangieren.

Zu einem Lady's Lunch, egal ob zu Hause oder in einem Lokal, lädt man um 12:30 Uhr oder 13 Uhr ein. Berufstätige Frauen werden spätestens um 15 Uhr gehen. Die, die keine Verpflichtungen haben, bleiben gern etwas länger. In einem Restaurant werden um 16 Uhr notgedrungen alle gehen, da das Personal dann nämlich beginnt zu gähnen oder die Stühle auf den Tisch zu stellen. Zu Hause aber sollten sich auch die letzten spätestens um 17 Uhr verabschieden. Wer dann immer noch keine Anstalten macht zu gehen, muss höflich hinausgeworfen werden.

Wenn Sie sich nun entscheiden, Ihre Freundinnen zu sich nach Hause einzuladen (ich mache das immer und mit großem Vergnügen!), decken Sie liebevoll den Tisch, eine Anleitung dazu finden Sie auf Seite 18. Bei mehr als sechs Gästen empfehle ich eine Tischordnung.

> **Tipp**
>
> Als Tischkarte habe ich mir eine besondere Überraschung für meine Freundinnen ausgedacht. Ich schreibe das Rezept eines der Gerichte, es kann die Vor-, Haupt- oder Nachspeise sein, auf ein DIN-A-4-Blatt und vervielfältige es, um für jeden Gast eines zu haben. Dann rolle ich es mit der Schrift nach innen zusammen und binde es mit einer Schleife fest. Nun schreibe ich den Namen des Gastes darauf und lege jedem eines auf den Teller. Sie glauben gar nicht, wie das ankommt!

Wenn Sie überhaupt nicht wissen, wie Sie Ihre Freundinnen platzieren sollen, machen Sie es wie meine Freundin Sterni kürzlich. Sie hatte zwanzig Damen eingeladen und tagelang über der Tischordnung gebrütet. Dann kam ihr die Idee, Lose ziehen zu lassen. Aus einem Körbchen musste jeder Gast eine Nummer nehmen und sich auf den Platz setzen, auf dem diese Nummer lag. Ich fand das genial, weil keine sich darüber beschweren konnte, falsch platziert worden zu sein.

Menüvorschläge

Menü 1

Vorspeise
Gemischter Bohnensalat mit Kapern und Zitrone

Für 6 Personen
Zubereitungszeit: ca. 25 Minuten

500 g frische Saubohnen
500 g grüne Bohnen
1 kleine Bio-Salatgurke
1 Dose weiße Bohnen (400 g)
1 rote Zwiebel
1 Knoblauchzehe
2 EL Kapern
4 EL Olivenöl
1 ungespritzte Zitrone
Salz und Pfeffer
2 eingelegte Zitronen
2 Zweige Dill

Die Saubohnen aus den Schoten lösen, 5 Minuten in Salzwasser kochen, abgießen, abschrecken und schälen. Die grünen Bohnen putzen, ebenfalls etwa 5 Minuten kochen und abschrecken. Die Bohnen sollen noch Biss haben, aber nicht mehr roh sein.

Die Gurke halbieren, nicht schälen und in dünne Scheiben schneiden. Weiße Bohnen abtropfen lassen.

Zwiebel und Knoblauch klein hacken, mit den Kapern, Olivenöl, etwas abgeriebener Zitronenschale und dem Saft der Zitrone mischen, salzen und pfeffern. Die eingelegten Zitronen abspülen, in kleine Stücke schneiden und mit den Bohnen vermengen.

Die Soße erst kurz vor dem Servieren darübergeben und mit abgezupftem Dill garnieren.

Variante: Sie können die Saubohnen (sie heißen auch »Dicke Bohnen«) und die grünen Bohnen aus der Dose nehmen. Dann ist die Zubereitungszeit natürlich kürzer.

Hauptgericht
Garnelen in Kokossoße

Für 6 Personen
Zubereitungszeit: ca. 25 Minuten

36 rohe Garnelenschwänze (Handelsgröße 21/25-26/30)

Für die Marinade:
2 Knoblauchzehen
20 g frischer Ingwer
1 TL Tamarindenmark, mit 80 ml Wasser verrührt
½ TL gemahlener Kurkuma
1 TL Salz

Für die Kokossoße:
2 Knoblauchzehen
2 grüne Chilischoten
4 EL Pflanzenöl
250 ml Kokosmilch aus der Dose
1 EL gehacktes Koriandergrün plus mehr zum Garnieren
Salz

Garnelen schälen, Schwanzfächer belassen. Darm entfernen und die Garnelen in eine flache Schüssel legen. Für die Marinade Knoblauch und Ingwer schälen und klein hacken. Tamarindenmark durch ein Sieb gießen und den Saft auffangen. Knoblauch, Ingwer, Tamarindenwasser, Kurkuma und Salz vermischen. Die Marinade gleichmäßig über die Garnelen verteilen und 15 Minuten in den Kühlschrank stellen.

Für die Soße den Knoblauch schälen und zerdrücken. Chilischoten halbieren, Stielansätze, Samen und Scheidewände entfernen und das Fruchtfleisch fein hacken.

Nun die Garnelen aus der Marinade nehmen, gut abtropfen lassen und in dem heißen Öl 1–2 Minuten von beiden Seiten braten. Dann herausnehmen und in der Pfanne den Knoblauch leicht bräunen, die Kokosmilch zugießen, Koriandergrün und die Chiliwürfel unterrühren und alles 5 Minuten köcheln lassen. Mit Salz abschmecken.

Garnelen auf sechs Teller legen, die Soße darüber verteilen. Mit ein paar Blättchen Koriandergrün garnieren.

Dazu servieren Sie Stangenweißbrot.

Dessert
Birnen in Ahorn-Gelee

Für 6 Personen
Zubereitungszeit: ca. 25 Minuten

6 Birnen
2 Zitronen
2 EL Zucker
4 Blatt weiße Gelatine
150 ml Ahornsirup
100 ml Weißwein oder Apfelsaft
1 Becher Schlagsahne (200 g)
1 Päckchen Vanillezucker
2 kleine Stückchen kandierter Ingwer

Birnen waschen und schälen, Wasser mit Zitronensaft und Zucker zum Kochen bringen und die Birnen darin 8–12 Minuten bei schwacher Hitze dünsten. Im Sud abkühlen lassen. Gelatine in kaltem Wasser einweichen. Birnen gut abtropfen lassen, jeweils einen Deckel abschneiden und beiseitelegen. Mit einem Apfelausstecher das Kerngehäuse entfernen und die Birnen in eine flache Schüssel stellen.

Die Gelatine mit 2 EL heißem Wasser auflösen und mit dem Ahornsirup und dem Weißwein verrühren. Die Birnen damit übergießen und im Kühlschrank fest werden lassen. Sahne mit dem Vanillezucker steif schlagen und mit dem fein gehackten Ingwer verrühren. Die Sahne in die Birnen geben und den Deckel aufsetzen.

Menü 2

Vorspeise
Thaicocktail

Für 6 Personen
Zubereitungszeit: ca. 20 Minuten

400 g Shrimps in Lake	6 EL Limettensaft
1 Dose Ananas-Stücke (400 g)	6 EL Mayonnaise
1 Salatgurke	Salz und Pfeffer
2 Chilischoten	6 große Salatblätter
1 Stück frischer Ingwer (ca. 3 cm)	

Shrimps und Ananasstücke abtropfen lassen. Salatgurke waschen, halbieren und in Scheiben schneiden. Die Chilischoten entkernen, halbieren und in kleine Würfel schneiden. Den Ingwer schälen und fein hacken. Limettensaft, Mayonnaise und Ingwer verrühren. Mit Salz und Pfeffer würzen. Shrimps, Ananas, Gurkenscheiben und Chili unterheben. Die Salatblätter in sechs große Gläser verteilen und den Shrimps-Salat daraufgeben.

Hauptgericht
Gratiniertes Schweinefilet mit Kräutern

Für 6 Personen
Zubereitungszeit: ca. 15–20 Minuten

150 g gemischte Kräuter (Thymian, Rosmarin,
    Salbei, Majoran, frisch oder getrocknet)
300 g Semmelbrösel
150 geriebener Parmesan
1/2 Tasse Olivenöl
3 Eier
1 Schweinefilet (ca. 1 kg)
Salz und Pfeffer
4 Knoblauchzehen
600 g Tomaten
250 ml Sonnenblumenöl

Die gehackten Kräuter, die Semmelbrösel und den Parmesan mit
dem Olivenöl vermischen. Die Eier aufschlagen und verrühren,
das Filet salzen und pfeffern und in den Eiern wenden. Mit der
Kräutermasse panieren. Etwas davon beiseitestellen. Knoblauch
durchpressen, Tomaten halbieren und etwas salzen, pfeffern, mit
dem Knoblauch und der restlichen Kräutermasse bestreuen.

Nun das panierte Filet in einem flachen, ofenfesten Topf in
dem heißen Sonnenblumenöl von beiden Seiten 4–5 Minuten
anbraten. Dann die Tomaten drum herum anrichten, den Topf in
das Rohr schieben und bei 200 °C im vorgeheizten Ofen je nach
Dicke etwa 15–20 Minuten garen.

Dazu gibt es kleine neue Kartöffelchen.

Dessert
Gemischte Beeren mit Schlagsahne

Für 6 Personen
Zubereitungszeit: ca. 20 Minuten

Je 200 g Himbeeren, Erdbeeren, Stachel- und Blaubeeren (Sie können auch andere Beeren nehmen, sie sollten nur verschiedene Farben haben, damit es bunt aussieht)
Zucker
1 l Schlagsahne
1 Päckchen Vanillezucker

Die Beeren waschen, von Blättern und Stielen befreien und gut abtropfen lassen. Dann in eine Glasschüssel zuerst die Erdbeeren geben, leicht zuckern. Die nächste Schicht Stachelbeeren, wieder etwas zuckern, danach eine Schicht Himbeeren, zuckern und obenauf die Blaubeeren. Suchen Sie von den Himbeeren einige besonders schöne heraus und legen Sie sie als Dekoration auf die Blaubeeren. Die Sahne mit dem Vanillezucker steif schlagen. Beides bis zum Servieren in den Kühlschrank stellen.

Menü 3

Vorspeise
Salat mit Kirschtomaten und Büffelmozzarella

Für 6 Personen
Zubereitungszeit: ca. 20 Minuten

600 g Kirschtomaten	6 EL Balsamicoessig
1 Salatgurke	Salz und Pfeffer
10 Sardellenfilets	600 g Büffelmozzarella
1 Tasse Olivenöl	1 Bund Basilikum

Backofen auf 130 °C vorheizen. Ein Backblech leicht einölen. Die Tomaten waschen, trocken tupfen, auf dem Backblech verteilen und etwa 2 Stunden im Ofen dörren. Währenddessen die Gurke schälen, halbieren und in etwa 0,5 cm dicke Stücke schneiden. Die Sardellenfilets gut abspülen und in feine Streifen schneiden. Aus Öl, Essig, Salz und Pfeffer eine Salatsoße machen. Den Mozzarella in Scheiben schneiden. Die Zutaten auf sechs Vorspeisentellern anrichten, mit der Soße beträufeln und mit Basilikumblättern garnieren.

Hauptgericht
Hühnerkeulen in Portwein

Für 6 Personen
Zubereitungszeit: ca. 15 Minuten

4–6 Hühnerkeulen
Salz und Pfeffer
2 EL Thymian
1 Tasse Olivenöl
Saft einer Zitrone
1,5 Tassen Portwein

1 Glas schwarze Oliven
    ohne Steine
1 ungeschälte Knolle Knob-
    lauch
dunkler Soßenbinder

Die Hühnerkeulen salzen, pfeffern, mit dem Thymian einreiben und in der Hälfte des Öls braun anbraten. Das restliche Öl und den Zitronensaft verquirlen und über das Huhn gießen. Portwein unterrühren, Oliven dazugeben und die ungeschälte Knoblauchknolle hineingeben. Das Ganze zugedeckt im vorgeheizten Ofen bei 175 °C 45 Minuten garen. Vor dem Servieren die Knoblauchknolle herausnehmen. Wenn die Soße zu dünn ist, mit etwas dunklem Soßenbinder andicken.

Dazu 500 g Reis.

Dessert
Stracciatella-Eis mit heißer Espresso-Schokosoße

Für 6 Personen
Zubereitungszeit: ca. 10 Minuten

500 g dunkle Kuvertüre
2–3 Tassen Espresso
12 Kugeln Eis

Die Kuvertüre in dem heißen Espresso auflösen, bis eine dick-
flüssige Soße entsteht. Das Eis auf sechs Desserttellern anrichten
und mit der heißen Schokolade übergießen.

Einladungen für bestimmte Jahreszeiten und zu besonderen Anlässen

Suppenparty

Genau das Richtige für kalte Tage

Warum laden Sie Ihre Freunde nicht einmal zu einer Suppe ein? Vor allem, wenn es im Herbst und Winter draußen grau und nebelig ist, bietet es sich besonders an einem Wochenende an, mittags oder am frühen Abend zu einer deftigen Suppe einzuladen. Der zeitliche und finanzielle Aufwand steht in keinem Verhältnis zu der Freude, die man seinen Freunden damit machen kann. Sie meinen, das ist nicht fein genug? Da irren Sie sich aber gewaltig! Ich kenne kaum jemanden, der nicht von einer hausgemachten Erbsen- oder Kartoffelsuppe schwärmt.

Natürlich können Sie nicht nur eine Suppe servieren, ein bisschen Drumherum muss schon sein. Auch hier sollte der Tisch liebevoll gedeckt werden – denken Sie daran, das Auge isst immer mit. Nach der Suppe gibt es eine üppige Käseplatte (siehe im Kapitel »Cocktail Prolongé«, Seite 65) und danach etwas Süßes.

Wenn ich mittags einlade, backe ich einen Kuchen (diverse Rezepte beispielsweise in den Kapiteln »Brunch«, »Kaffeeklatsch« oder »Einladung zum Fünf-Uhr-Tee«), abends mache ich ein Dessert wie beispielsweise Mousse au Chocolat (Rezept im Kapitel »Cocktail Prolongé«, Seite 63) oder Bayerische Creme (Rezept im Kapitel »Ein Essen für vier bis zehn Personen«, Seite 126).

In der Zeit, als ich noch ganztags berufstätig war, habe ich immer bereits am Vorabend den Tisch gedeckt, das Dessert und meistens auch die Suppe vorgekocht. Das habe ich bis heute beibehalten, und ich sage Ihnen auch, warum: Sie können am Tag der Einladung nicht in Stress geraten, da kaum noch etwas zu tun ist. Alles ist fertig, die Suppe muss nur aufgewärmt, die Käseplatte hergerichtet und unter Umständen noch ein Kuchen gebacken werden. Das ist ein Zeitaufwand von höchstens einer Stunde. Die restliche Zeit können Sie die Zeitung lesen, mit Ihren Freundinnen und Tante Frieda telefonieren, eventuell sogar noch ein Mittagsschläfchen halten oder einen Spaziergang machen. Was auch immer, der Tag ist völlig stressfrei, und so können Sie das Zusammensein mit Ihren Gästen richtig genießen.

Geeignete Rezepte finden Sie im Anschluss. Auch ein Chili con Carne (Rezept im Kapitel »Cocktail Prolongé«, Seite 58) oder eine Bärlauch-Kartoffel-Suppe (Rezept im Kapitel »Ein Essen für vier bis zehn Personen«, Seite 116) eignen sich hervorragend für eine Suppeneinladung.

Rezeptvorschläge für deftige Suppen

Erbsensuppe

Für 10 Personen
Zubereitungszeit: ca. 15 Minuten
Kochzeit: ca. 1 Stunde

700 g getrocknete grüne Erbsen
3–4 EL gekörnte Brühe
2 Bund Suppengrün
2 mittelgroße Zwiebeln
2 Knoblauchzehen
300 g geräucherter, durchwachsener Bauchspeck
    (in Bayern »Wammerl«)
1 EL Majoran
10–12 Wiener Würstchen
200 g tiefgefrorene Erbsen
Salz und Pfeffer

Die Erbsen in einem großen Topf mit der gekörnten Brühe zum Kochen bringen – früher musste man die Erbsen noch vorher einweichen, das ist heute nicht mehr nötig.

Währenddessen das Suppengrün, die Zwiebeln und den Knoblauch klein schneiden. Den Speck von der Schwarte befreien, dann in kleine Würfel schneiden und zusammen mit dem Gemüse zu den Erbsen geben. Den Majoran unterrühren. Die Schwarte mitkochen, erst zum Schluss herausnehmen und wegwerfen. Mit Deckel etwa 50–60 Minuten auf kleiner Flamme kochen lassen. Immer wieder umrühren, damit es nicht ansetzt, und eventuell etwas Wasser zugeben, es soll ja kein Brei, sondern eine Suppe werden.

Die Würstchen in Scheiben schneiden und kurz bevor die Erbsen gar sind, mit den tiefgekühlten, unaufgetauten Erbsen in die Suppe geben und etwa 10 Minuten mitköcheln lassen. Mit Salz und Pfeffer abschmecken.

Variante: Eine Linsensuppe kochen Sie genauso, nur nehmen Sie statt der Erbsen getrocknete Linsen und lassen die tiefgefrorenen Erbsen weg.

Hühnersuppe mit Curry und Kokosmark

Für 10 Personen
Zubereitungszeit: ca. 25 Minuten
Kochzeit: 1 Stunde

2 küchenfertige Poularden
2 große Zwiebeln
6 Lorbeerblätter
50 g frische Ingwerwurzel
6 TL Salz
4 Limetten
1 Bund Kerbel
500 g Äpfel
500 g ungesüßtes Kokosmark
2 EL scharfes Currypulver
3 EL mildes Currypulver
2 EL brauner Zucker

Die Poularden unter fließendem Wasser innen und außen waschen. 4–5 l Wasser mit den gepellten und halbierten Zwiebeln, Lorbeerblättern, der zerschnittenen Ingwerwurzel und dem Salz zum Kochen bringen. Die Poularden hineingeben und bei schwacher Hitze zugedeckt 45 Minuten sieden lassen. Zwischendurch einmal wenden. Dann aus der Brühe nehmen, auskühlen lassen und die Brühe durch ein Sieb gießen und auffangen. Vergessen Sie um Himmels willen nicht, einen Topf unter das Sieb zu stellen. Meine Freundin Hella hat es einmal vergessen, und die herrliche Brühe verschwand im Ausguss!!

Während die Poularden kochen, 2 Limetten dünn abreiben

und auspressen. Die beiden anderen in dünne Scheiben schneiden und den Kerbel waschen und klein hacken. Äpfel schälen, vierteln, das Kerngehäuse entfernen und in dünne Scheiben schneiden. Kokosmark in einem Topf bei milder Hitze schmelzen, Currypulver, Apfelstücke und Zucker zugeben und kurz anschwitzen. Nun nach und nach mit einer Schöpfkelle die Brühe zugießen und zum Kochen bringen. Limettenschale und -saft zugeben und den Topf von der Kochstelle nehmen. Noch einmal mit Salz abschmecken.

Poulardenfleisch von Haut und Knochen trennen, in kleine Stücke schneiden, in die Suppe geben und noch einmal kurz erhitzen. Zum Servieren die Suppe in eine große Terrine füllen, die Limettenscheiben hineingeben und den Kerbel darüberstreuen.

Dazu reichen Sie Stangenweißbrot.

Borschtsch – eine russische Spezialität

Für 10 Personen
Zubereitungszeit: ca. 30 Minuten
Kochzeit: ca. 1,5–2 Stunden

1 kg Suppenfleisch
4–5 Fleischknochen
4 Lorbeerblätter
8 Pfefferkörner
3 Bund Suppengrün
1 große Zwiebel
3 Knoblauchzehen
4 EL gekörnte Brühe
5 Rote Beete
1 kleiner Weißkohl

500 g geräucherter, durchwachsener Bauchspeck
   (in Bayern »Wammerl«)
100 g Margarine oder Butterschmalz
2 EL Tomatenmark
2 EL Essig
500 ml saure Sahne
400 g Crème fraîche
Salz und Pfeffer

Einen großen Topf mit etwa 4 l Wasser zum Kochen bringen, Suppenfleisch, Knochen, Lorbeerblätter, Pfefferkörner, ein ganzes Suppengrün, die ungeschälte Zwiebel (die Schale lässt die Brühe klar bleiben), den zerdrückten Knoblauch und die gekörnte Brühe zugeben und etwa 1,5 Stunden kochen lassen. Das Fleisch muss weich sein.

Währenddessen vier rote Beeten schälen und in mundgerechte Stücke schneiden, das Gleiche mit dem Kohl und dem restlichen Suppengrün. Eine rote Beete nur schälen und beiseitelegen. Den Speck von der Schwarte befreien und klein schneiden. Wenn das Fleisch gar ist, herausnehmen und die Brühe durch ein Sieb abgießen. Denken Sie an Hella! Vergessen Sie dabei nicht, die Brühe in einem anderen großen Topf aufzufangen.

Nun dünsten Sie das Gemüse – wieder in einem großen Topf – in dem heißen Fett an, geben den Speck dazu und gießen die Fleischbrühe auf. Während das Gemüse kocht, schneiden Sie das Fleisch in kleine Stücke und reiben die beiseite gelegte rote Beete. Nach etwa 30–35 Minuten sollte das Gemüse gar sein. Probieren Sie es. Dann geben Sie Tomatenmark, Fleisch, Essig, die geriebene Beete und die saure Sahne dazu und lassen es noch einmal aufkochen. Mit Salz und Pfeffer abschmecken.

Zum Servieren ein paar Klackse Crème fraîche obenauf verteilen. Den Rest der Crème fraîche stellen Sie in einer kleinen Schüssel auf den Tisch. Wer davon mehr haben will, soll sich selbst bedienen.

Gartenparty

Grundsätzliches

Die Voraussetzungen für eine gelungene Gartenparty sind ein Garten, und sei er noch so klein, ein warmer Sommertag mit möglichst viel Sonne und liebe Freunde, die glücklich sind, dass sie Kinder und Hunde mitbringen dürfen. Noch vor einigen Jahren war jede Gartenparty eine Zitterpartie, da man nie sicher sein konnte, ob das so liebevoll vorbereitete Gartenfest nicht einem plötzlichen Wetterumschwung zum Opfer fallen würde. Aber dank der langfristigen Wettervorhersagen heutzutage kann man unbesorgt eine Woche vorher einladen, ohne mit einem Kälteeinbruch oder sintflutartigen Regenfällen rechnen zu müssen. Und wenn Sie ganz sichergehen wollen, geht es auch nur ein paar Tage vorher. Jeder wird dafür Verständnis haben.

Stellen Sie einen Biertisch an ein schattiges Plätzchen, auf dem Sie das Buffet aufbauen. Sollte kein Schatten vorhanden sein, schützen Sie den Tisch mit einem Sonnenschirm, sonst ist die Butter zerlaufen, bevor Ihre Gäste kommen. Als Dekoration eignet sich ein großer Feldblumenstrauß in einem Tongefäß oder einem Email-Eimer. Das sieht entzückend aus und passt zum rustikalen Stil der Einladung. Ein zweiter Biertisch mit Bänken, ein paar im Garten verteilte Korb- und Liegestühle und ein paar Gartenstühle mit einem kleinen Tisch bieten Sitzgelegenheiten für Erwachsene und Kinder.

Eine Gartenparty ist eine zwanglose Angelegenheit, bei der Kinder und Hunde herumtoben können, ohne ständig zur Ordnung gerufen zu werden, bei der man köstliche Dinge zu essen bekommt und jemand, der erschöpft ist vom Stress der vergangenen Woche, vielleicht in einem der Liegestühle ein kurzes Nickerchen machen kann. Sie brauchen auch nicht unbedingt eine Hilfe. Die Gäste werden schon von sich aus mithelfen, benutztes Geschirr hineinzutragen oder eine neue Flasche Wein aufzumachen.

Eine Gartenparty beginnt meistens mittags oder nachmittags und geht manchmal bis in den Abend hinein. Besorgen Sie für diesen Fall ein paar Fackeln und Windlichter.

Als Begrüßungsdrink empfehle ich eine »Spirale« oder eine Erdbeerbowle. Das ist köstlich und erfrischend. Aber auch kaltes Bier sollten Sie dahaben. Ich denke da an meinen Mann, der ganz muffig wird, wenn er nicht erst mal ein kühles Bier bekommt! Bei vielen Gästen, die gern Bier trinken – und Sie werden ja Ihre Pappenheimer kennen –, empfiehlt es sich, ein oder zwei 5-l-Fässer zu kaufen.

Tipp

Das Fass muss eine halbe Stunde, bevor es angestochen wird, aufgestellt werden, damit das Bier »ruhig« wird (sagt mein Mann – und der weiß das!!).

An einem heißen Sommertag wirkt Alkohol auf einen nüchternen Magen wie intravenös gespritzt. Deshalb müssen die Gäste schon eine Kleinigkeit zu essen bekommen, bevor das Buffet eröffnet wird. Kaufen Sie reichlich Stangenweißbrot ein – das brauchen Sie auch zu den verschiedenen Gerichten, die Sie ja noch anbieten wollen –, und legen Sie es auf dem Buffet auf ein Brett, damit sich jeder davon abschneiden kann. Dazu dekorieren Sie Tomaten und ein paar Bund Radieschen, Butter und Salz dürfen auch nicht fehlen. Machen Sie eine Guacamole oder einen Quarkdip (beide Rezepte im Kapitel »Einladung ›auf einem Drink nach Hause‹«, Seite 25 f.).

Außerdem brauchen Sie viel Wasser und Säfte für die Kinder.

Rezeptvorschläge für die Gartenparty

Zur Begrüßung
Spirale

1 Flasche Weißwein	1 Flasche Mineralwasser
1 Flasche Prosecco	1 Zitrone

Die Getränke in eine große Kanne mit Eisstücken gießen.

Eine Zitrone in Spiralform aufschneiden, sodass die Frucht an der Schale hängen bleibt. Nun die Zitrone in die Kanne hängen.

Es schmeckt wunderbar!

Erdbeerbowle

500 g Erdbeeren	1 Flasche Weißwein
1 Weinglas Cointreau	1 Flasche Prosecco

Die Erdbeeren waschen, von den Blättern befreien und vierteln. In eine große Kanne geben, mit dem Cointreau, dem Weißwein und dem Prosecco übergießen. Die Getränke müssen eiskalt sein.

Tipp
Beide Begrüßungsdrinks werden schnell warm und schmecken dann nicht mehr, deshalb sollten sie immer wieder frisch gemacht werden, wenn man viele Gäste hat.

Für das Buffet
Gefüllte Salatblätter mit Dip

Für 20 Personen
Zubereitungszeit: ca. 60 Minuten
Kühlzeit: 4–5 Stunden

Für die Füllung:

100 g Zwiebeln

3 Knoblauchzehen

1 Stück frischer Ingwer
   (ca. 4 cm)

100 g Staudensellerie

250 g Chinakohl

125 g Sojabohnensprossen

150 g Frühlingszwiebeln

200 g gekochter Schinken

500 g Hühnerbrustfilet

6 EL ÖL

3 EL brauner Zucker

4 EL Sojasoße

Salz und Pfeffer

250 g Krabbenfleisch

4 große Salatköpfe
   (sie müssen mindestens
   20 Blätter ergeben)

Zwiebeln schälen und in Streifen schneiden, Knoblauch schälen und klein hacken, genauso den Ingwer. Den Staudensellerie und den Chinakohl waschen und in feine Streifen schneiden. Sojabohnen waschen und abtropfen lassen. Die Frühlingszwiebeln waschen und in Ringe schneiden. Den gekochten Schinken und das Huhn in feine Streifen schneiden.

4 EL Öl in einer großen Pfanne erhitzen und zuerst die Zwiebeln, den Knoblauch und den Ingwer darin anbraten, dann das restliche geputzte Gemüse dazugeben, den braunen Zucker darüberstreuen und unter Rühren etwa 4–6 Minuten dünsten. Mit Sojasoße, Salz und Pfeffer würzen, die Krabben und den Schinken untermischen. Beiseitestellen.

In einer weiteren Pfanne 3 EL ÖL erhitzen und das Hühnerfleisch etwa 8–10 Minuten andünsten. Leicht salzen und mit der fertigen Gemüse-, Schinken- und Krabbenmenge vermischen. In eine große Schüssel füllen und mindestens 4–5 Stunden kalt stellen.

Für den Dip:

Je 1 Bund Dill, Petersilie und Schnittlauch

500 g Joghurt

500 g Crème fraîche oder Schmant

Salz und Pfeffer

Die Kräuter waschen und klein hacken, mit dem Joghurt und der Crème fraîche vermischen und salzen und pfeffern. (Alles ist wunderbar am Vortag zuzubereiten.)

Am Tag der Party die Salatblätter vom Strunk lösen, waschen und gut abtropfen lassen. Auf einer großen Platte anrichten, daneben die Schüsseln mit der Füllung und dem Dip stellen. Wenn die ersten Gäste kommen, zeigen Sie Ihnen, wie man so etwas isst: 1–2 EL Füllung in ein Salatblatt geben, dieses zusammenrollen und in den Dip stippen. Alle, vor allem die Kinder, werden sich dann allein bedienen.

Bunter Sommersalat mit Fetakäse

Für 20 Personen
Zubereitungszeit: ca. 30 Minuten
Ruhezeit: mindestens 2–3 Stunden

1,5 kg Paprikaschoten (grün, rot und gelb)
2,5 kg Tomaten
500 g rote Zwiebeln
3 Salatgurken
1 kg Zucchini
2 Bund Bohnenkraut
3 Bund Petersilie
1 kg Fetakäse
500 ml Olivenöl
1 Tasse Essig (ich bevorzuge Balsamicoessig)
3 EL gekörnte Brühe
3 Knoblauchzehen
Salz und Pfeffer

Paprikaschoten waschen, vom Stielansatz befreien, vierteln, das weiße Fruchtfleisch entfernen und in Streifen schneiden. Tomaten waschen, vierteln und den Stielansatz herausschneiden. Zwiebeln schälen, Gurken und Zucchini waschen, Gurken eventuell schälen, und alles in feine Scheiben schneiden. Bohnenkraut und Petersilie waschen und fein hacken. Den Fetakäse in kleine Würfel schneiden. Aus Öl, Essig, der gekörnten Brühe und dem durchgedrückten Knoblauch eine Salatsoße machen. Mit Salz und Pfeffer abschmecken.

Nun das Gemüse und den Käse abwechselnd in dünnen

Schichten in eine sehr große Schüssel geben und mit etwas Petersilie und Bohnenkraut bestreuen. Dabei jede Lage ganz leicht salzen und pfeffern und mit etwas Salatsoße beträufeln. Die oberste Schicht soll Schafskäse sein. Die restliche Salatsoße noch einmal gut durchschütteln und über den Salat gießen. Den Salat nicht vermengen, er vermischt sich beim Auffüllen von selbst. Alles aber mindestens 2–3 Stunden durchziehen lassen.

Grillen Sie doch mal keine Würste oder Koteletts, sondern einen Rollspießbraten (Seite 178).

Rollspießbraten

Für 20 Personen
Zubereitungszeit: ca. 40 Minuten
Bratzeit: ca. 1,5 Stunden

15–20 schwarze Pfefferkörner
5–6 Knoblauchzehen
1 Glas Dijonsenf (200 g)
1 Tube Paprikamark
1 Flasche helles Bier
4 Stücke magerer Schweinebauch (ca. 2 kg ohne Knochen)
Salz
30 Salbeiblätter
1 Zweig Rosmarin

Die Pfefferkörner in einem Mörser zerstoßen, den Knoblauch schälen und durchpressen. Mit dem Senf und dem Paprikamark vermengen und mit Bier zu einer nicht zu dünnflüssigen Paste verrühren. Das Fleisch kräftig mit Salz einreiben, dann mit der Schwarte nach unten auf eine Arbeitsplatte legen und mit der Paste bestreichen. Den Rest der Paste mit Bier zu einer Würzmischung verrühren – es darf nicht zu dünn werden – und beiseitestellen.

Variante: Wenn Sie keinen so großen Spieß haben, können Sie auch die Stücke einzeln unter dem Backofen-Grill garen. Dort brauchen sie ungefähr eine Stunde.

Salbei und Rosmarin zerkleinern und auf das Fleisch streuen. Nun die Stücke zusammenrollen, mit einem Küchengarn verschnüren und auf einem langen Spieß über dem Holzfeuer im Garten braten. Den Spieß immer wieder drehen und mit der Würzmischung bestreichen.

Dazu schmecken Zwiebeln in Rotwein und der Chicorée-Avocado-Salat.

Zwiebeln in Rotwein

Für 20 Personen
Zubereitungszeit: ca. 15 Minuten
Garzeit: 1–1,5 Stunden

2,5 kg nicht zu große Zwiebeln
4 EL Olivenöl
5 Knoblauchzehen
250 g Rosinen
Salz und Pfeffer
500 ml Rotwein

Die Zwiebeln schälen und in einem großen Topf in dem heißen Öl anschmoren. Den geschälten und klein gehackten Knoblauch und die Rosinen dazugeben, salzen und pfeffern und gut verrühren. Dann in eine feuerfeste Form schütten, den Rotwein darübergießen und im vorgeheizten Ofen bei 150 °C 1–1,5 Stunden garen. Kann warm und kalt gegessen werden.

Chicorée-Avocado-Salat

Für 20 Personen
Zubereitungszeit: ca. 10 Minuten

10 Chicorée
3 große, reife Avocados
500 g Joghurt
300 g Crème fraîche
2 Bund Dill
Salz und Pfeffer

Chicorée waschen, den bitteren Strunk entfernen und in 2 cm breite Ringe schneiden. Die Avocados schälen, halbieren, die Kerne entfernen und in Würfel schneiden. Beides in einer großen Schüssel vermengen. Aus dem Joghurt, der Crème fraîche, dem klein gehackten Dill, Salz und Pfeffer eine Soße machen und unter den Salat heben.

Variante: Als Alternative zu dem Braten können Sie auch zwei Eintöpfe machen, die Sie in großen Pfannen oder Töpfen auf dem Grill im Garten warm halten und aus denen sich die Gäste selbst bedienen können.

Lammcurry mit Gemüse

Für 20 Personen
Zubereitungszeit: ca. 2 Stunden

Für die Brühe:

4 Fleischknochen	1 Zwiebel
2 Markknochen	1 Bund Suppengrün

Für das Curry:

3 kg Lammfleisch ohne Knochen	1 EL Chilipaste
1 kg Zwiebeln	2–3 EL Orangenmarmelade
1 Tasse Öl	1 kg Zucchini
100 g Mehl	500 g Spinat
100 g Currypulver	100 g Mandelstifte
Salz und Pfeffer	8 Knoblauchzehen

Bereits am Vortag können Sie aus den 4 Fleisch- und 2 Markknochen, einer ungeschälten Zwiebel und dem Suppengrün 2 l Brühe kochen. Durch die Zwiebel bleibt die Brühe klar. Dann durch ein Sieb abgießen, vergessen Sie nicht, einen Topf darunter zu stellen! Kühl stellen. Die Knochen für die Hunde aufheben.

Fleisch in etwa 2 cm große Stücke schneiden (auf Wunsch macht das auch der Metzger). Die Zwiebeln schälen und in Spalten schneiden. Das Fleisch in einer großen Pfanne mit Rand oder einem großen flachen Topf in dem heißen Öl anbraten, dann die Zwiebeln dazugeben und dünsten, bis sie glasig sind. Mehl und Currypulver vermischen und unter ständigem Rühren über das Fleisch streuen. Langsam die Brühe unterrühren, damit das

Mehl nicht klumpt. Mit Salz, Pfeffer, Chilipaste und Orangenmarmelade würzen und auf kleiner Flamme 1,5 Stunden köcheln lassen. Währenddessen die Zucchini waschen, längs halbieren und in Scheiben schneiden.

Den Spinat waschen, die groben Stiele entfernen und gut abtropfen lassen. Die Mandelstifte ohne Fett in einer Pfanne goldbraun anrösten. Die Knoblauchzehen schälen, durchpressen und in das Curry rühren. 10 Minuten vor Ende der Garzeit die Zucchini zugeben, nach 5 Minuten dann den Spinat unterheben. Noch einmal mit Salz und Curry abschmecken.

Kurz vor dem Servieren die Mandelstifte über das Curry streuen. Dazu einen Esslöffel von der Joghurtsoße, die Sie schon zu den gefüllten Salatblättern gemacht haben, das schmeckt einfach toll!

Gemüsesuppe (für die Vegetarier)

Für 20 Personen
Zubereitungszeit: ca. 45 Minuten

5 EL gekörnte Brühe
4 Bund Suppengrün
2 Zwiebeln
4 Knoblauchzehen
5 kg fertiges, tiefgefrorenes Suppengemüse (gibt es in jedem
   Supermarkt und erspart Ihnen viel Arbeit)
1 EL Muskatnuss
je 1 Bund Petersilie, Schnittlauch und Dill
Salz und Pfeffer
500 g geriebener Emmentaler oder Parmesan

Kochen Sie in 5 l Wasser mit der gekörnten Brühe das Suppen-grün, die ungeschälten Zwiebeln und den Knoblauch. Dann sei-hen Sie die Brühe ab, geben das tiefgefrorene Gemüse zu und lassen es bei schwacher bis mittlerer Hitze so lange kochen, bis das Gemüse gar ist. Es soll noch etwas Biss haben. Dann das Muskatnusspulver und die gehackten Kräuter unterrühren, mit Salz und Pfeffer abschmecken. Noch ein paar Minuten ziehen lassen.

Stellen Sie den geriebenen Käse in einer Schüssel auf das Buf-fet, dann kann sich jeder so viel über seine Suppe streuen, wie er mag.

Tipp

Ihre Freunde werden Sie lieben, wenn Sie noch eine Flasche Maggi dazustellen. Alle mögen es, und keiner wagt danach zu fragen.

Als Dessert können Sie Rote Grütze (Rezept im Kapitel »Cocktail Prolongé«, Seite 64) oder selbst gebackenen Kuchen anbieten (diverse Rezepte beispielsweise in den Kapiteln »Brunch«, »Kaffeeklatsch« oder »Einladung zum Fünf-Uhr-Tee«). Aber köstlich sind auch Pfannkuchen mit Pflaumenkompott (Seite 186).

Pfannkuchen mit Pflaumenkompott und Crème-fraîche-Sahne

Für 20 Personen
Zubereitungszeit für die Pfannkuchen: 40–45 Minuten
Zubereitungszeit für das Kompott: ca. 15 Minuten
Kühl- und Ruhezeit für das Kompott: 2 Tage
Zubereitungszeit für die Crème fraîche: ca. 5 Minuten

375 g Mehl	1 Flasche Rotwein
1 Päckchen Vanillepudding-pulver	250 g Rosinen
1 Prise Salz	2 Nelken
350 g Zucker	3 Zimtstangen
750 ml Milch	2 Lorbeerblätter
8 Eier	3 Vanilleschoten
200 g Butter	400 g Crème fraîche
4 EL Zimt	50 g Speisestärke
2,5 kg Pflaumen	500 ml Schlagsahne
	2 Päckchen Vanillezucker

Für die Pfannkuchen:

Mehl mit Puddingpulver, Salz und 1 EL Zucker vermischen. Unter ständigem Rühren die Milch zugießen, zur Seite stellen und etwa 30 Minuten ruhen lassen.

Dann die Eier unterrühren. Die Butter schmelzen lassen und das Backblech mit 2 EL Butter auspinseln. Ein Viertel des Teiges hineingießen, verteilen und im vorgeheizten Backofen bei 225 °C auf der zweiten Einschubleiste von oben 6–8 Minuten backen. Dann die Oberfläche mit Butter bepinseln, mit Zimt und Zucker bestreuen, etwas abkühlen lassen und nun von der Längsseite her aufrollen. In Alufolie wickeln, die Seiten zusammenfalten. Weitere drei Pfannkuchen backen und genauso verfahren. Kurz vor dem Servieren im Backofen leicht erwärmen, aus der Folie nehmen und schräg in etwa 4 cm dicke Scheiben schneiden.

Für das Pflaumenkompott:

Die Pflaumen waschen, entkernen und mit dem Rotwein, den Rosinen, Nelken, Zimtstangen, Lorbeerblättern und dem restlichen Zucker vermischen. Die Vanilleschoten längs aufschneiden und das Mark herauskratzen. Das Mark in die Crème fraîche rühren und bis zum nächsten Tag kühl stellen. Die ausgekratzten Vanilleschoten mit den Pflaumen nun etwa 5 Minuten kochen lassen. Die Speisestärke mit 100 ml Wasser verrühren und 1 Minute mitkochen, bis das Kompott klar ist. Auskühlen und mindestens 24 Stunden mit allen Gewürzen ziehen lassen. Vor dem Servieren die Gewürze herausnehmen.

Für die Crème fraîche mit Sahne:

Die Schlagsahne mit dem Vanillezucker halb steif schlagen, mit der Crème fraîche verrühren und zu den Pfannkuchen und dem Kompott servieren.

Die Crème fraîche mit Sahne passt auch zu dem folgenden Rezept...

Gefüllte Wassermelone

Für 20 Personen
Zubereitungszeit: ca. 40 Minuten
Kühlzeit: 2–3 Stunden

1 große Wassermelone
1 kg gemischte Beeren (z. B. Erdbeeren, Himbeeren, Blau- oder
  Stachelbeeren)
200 g Zucker
2–3 Gläser Portwein

Die Wassermelone »köpfen«, das heißt, einen etwa 7 cm hohen
Deckel abschneiden, dann das Fruchtfleisch herausschälen und
mit einem kleinen Kugelausstecher Kugeln herausnehmen. Mit
den gewaschenen Beeren in einer Schüssel vermengen, zuckern
und den Portwein darübergeben. Im Kühlschrank 2–3 Stunden
ziehen lassen. Zum Servieren zunächst nur die Hälfte des Obstes
in die Melone schütten und mit dem Deckel verschließen. Wenn
die Melone leer ist, das restliche kalte Obst nachfüllen.

Zu einem Essen an warmen Sommertagen bietet sich ein eis-
kalter, leichter Rose- und Weißwein an.

Picknick im Grünen

Nichts wie raus!

Es ist Sommer, heiß, keine Wolke am Himmel! Sie wohnen in der Stadt, haben keinen Garten oder Balkon. Das Wetter soll so bleiben, sogar am Wochenende, kündigt der Wetterbericht an. Also nichts wie raus zu einem Picknick im Grünen! Vielleicht unter der großen Eiche im Park, auf der Wiese an dem kleinen Bach unweit Ihrer Wohnung oder an einem der am Stadtrand gelegenen Seen? Es gibt viele Plätze, an denen man es sich auf einer großen Decke bequem machen und einen herrlichen Tag genießen kann, sei es mit der Familie oder mit Freunden.

Frische Luft macht bekanntlich hungrig und Hitze durstig, und so sollten Picknickkorb und Kühltasche gut gefüllt sein. Wunderbar, wenn Sie einen Picknickkorb besitzen, denn dann brauchen Sie sich keine Gedanken darüber zu machen, was man alles außer Essen und Getränken noch mitnehmen muss. Er ist bestückt mit Tellern, Tassen, Gläsern, Besteck, Flaschenöffner, Korkenzieher, Tischtuch, Servietten, einer Thermoskanne und Salz und Pfeffer. Sollten Sie aber nicht im Besitz eines solchen Stückes sein, tut es auch ein Wäschekorb. Nur wickeln Sie die zerbrechlichen Gegenstände gut ein, damit sie nicht kaputtgehen. Nehmen Sie dazu reichlich Küchenpapier, etwas davon können Sie dann als Servietten benutzen.

Wenn Sie grillen wollen, kaufen Sie sich einen kleinen, leicht zu transportierenden Grill. Es gibt sie schon ab 20 Euro.

Erkundigen Sie sich vorher, ob an dem von Ihnen ausgewählten Picknickplatz gegrillt werden darf.

Aber auch ohne zu grillen kann man ein zünftiges Picknick

veranstalten – mit kalten Köstlichkeiten, die sich wunderbar schon am Vortag zu Hause vorbereiten lassen. Im Folgenden finden Sie einige Vorschläge.

Wenn Sie nun für die vorgeschlagenen Rezepte überhaupt keine Zeit oder keine Lust haben, kaufen Sie ein Weißbrot, eine ganze Salami, verschiedene Stücke Käse, ein Glas Oliven, Gewürzgurken und frische Tomaten, dazu ein kühles Bier oder einen kalten Weißwein. Auch damit kann man ein gelungenes Picknick machen. Was Sie aber auf gar keinen Fall vergessen dürfen, sind eine große Decke, ein scharfes Messer, ein Korkenzieher und Gläser!

Rezeptvorschläge für ein Picknick im Grünen

Garnierte Hackbällchen mit Mixed Pickles

Für 4 Personen
Zubereitungszeit: ca. 10 Minuten
Bratzeit: ca. 10–15 Minuten

1 altes trockenes Brötchen
1 Zwiebel
2 Knoblauchzehen
1 EL Hot Ketchup
1 EL Currypulver
1 Ei
500 g gemischtes Hackfleisch
  (halb Schwein, halb Rind)

Salz und Pfeffer
100 g Margarine oder
  Butterschmalz
300 g Gouda oder Emmentaler
  am Stück
Weintrauben
hölzerne Zahnstocher
1 Glas Mixed Pickles

Das Brötchen einweichen, Zwiebel und Knoblauch schälen und klein hacken. Das aufgeweichte, gut ausgedrückte Brötchen, die Zwiebeln, den Knoblauch, Ketchup, das Currypulver und das Ei mit dem Hackfleisch gut verkneten, mit Salz und Pfeffer abschmecken und zu kleinen Bällchen, etwa in der Größe von Golfbällen, formen. In dem heißen Fett rundherum braun ausbraten, sie dürfen innen nicht mehr roh sein. Auf einem Küchenpapier abtropfen und auskühlen lassen. Zahnstocher mit je einem etwa 2 x 2 cm großen Stücken Käse und einer Weintraube garnieren und in die Bällchen stecken. Dazu reichen Sie die Mixed Pickles und Stangenweißbrot.

Tortillas mit Guacamole

Für 4 Personen
Zubereitungszeit: ca. 20 Minuten

4 Weizentortillas (Fertigprodukt)
10 Cocktailtomaten
Guacamole (Rezept im Kapitel »Einladung ›auf einen Drink‹«,
    Seite 30)
Papierservietten

Tortillas nach der Packungsanweisung aufbacken. 8 Tomaten
vierteln und unter die Guacamole heben. Die Tortillas mit der
Guacamole füllen, zu einer Tüte drehen und mit einer Papierser-
viette umwickeln. Mit den restlichen Tomaten garnieren. Die fertigen Tortillas in ein Gefäß stellen und im Kühlschrank aufbewahren, bis Sie losfahren.

Frisches Gemüse mit Quarkdip

Für 4 Personen
Zubereitungszeit: ca. 30 Minuten

4 Möhren
4 Chicorée
2 Stangen Sellerie
1 kleine Salatgurke
4 große Tomaten
Quarkdip (Rezept im Kapitel »Einladung ›auf einem Drink‹«,
    Seite 25)

Möhren abschaben und in etwa 5 cm lange Stifte schneiden, Chicorée waschen, vierteln und den bitteren Strunk herausschneiden. Sellerie waschen und in 5 cm lange Stücke schneiden. Gurke schälen, vierteln und auch in etwa 5 cm lange Stücke schneiden. Tomaten vierteln.

Das Gemüse und den Dip in einer Schale mit Deckel transportieren, bei dem Picknick auf einem großen Teller anrichten. Sie müssen immer bedenken, das Auge isst mit.

Kalter Nudelsalat mit Thunfisch

Für 4 Personen
Kochzeit: nach Packungsangabe
Zubereitungszeit: ca. 10 Minuten

400 g Fusilli (Spiralnudeln)
1 Dose Thunfisch
1 Dose feine Erbsen (200 g)
1 Zwiebel
Salz und schwarzer Pfeffer aus der Mühle

Die Nudeln in Salzwasser gar kochen, abgießen und auskühlen lassen. Thunfisch abgießen, mit der Gabel zerdrücken und mit den Erbsen und der klein gehackten Zwiebel unter die Nudeln heben. Mit Salz und Pfeffer abschmecken.

Baguette-Sandwiches

Für 4 Personen
Zubereitungszeit: ca. 10 Minuten

1 langes Stangenweißbrot
Butter
4 große Salatblätter
4 EL Mayonnaise

4 Tomaten
4 Scheiben gekochter
  Schinken

Das Weißbrot in 4 Stücke teilen, durchschneiden, beide Seiten buttern. Dann eine Seite mit einem Salatblatt belegen, darauf dick Mayonnaise streichen, dann die in Scheiben geschnittenen Tomaten und den Schinken darauflegen und wieder zusammenklappen. Eine herrlich saftige Angelegenheit.

Statt des Schinkens können Sie auch Pastete, gerösteten Frühstücksspeck oder Käse nehmen.

Tipp

Fast alle in diesem Buch vorgeschlagenen Kuchenrezepte eignen sich für ein Picknick. Zum Beispiel der Käsekuchen oder die Karamell-Apfel-Tarte (beide Rezepte im Kapitel »Kaffeeklatsch«, Seite 88 f.).

Kirschtartelettes

Für 4 Personen
Zubereitungszeit: ca. 15 Minuten
Kühlzeit: ca. 1 Stunde

500 g frische, große Kirschen
4–6 fertige Mürbeteigtartelettes (gibt es im Supermarkt)
½ Glas Kirschgelee
2 Blatt rote Gelatine
2 EL Kirschwasser

Die Kirschen vorsichtig entkernen, damit sie nicht matschig werden. Die Tartelettes mit dem Gelee ausstreichen und dann mit den Kirschen füllen. Die Gelatine in kaltem Wasser einweichen, dann in einem kleinen Topf mit etwas heißem Wasser auflösen, das Kirschwasser dazugeben. Wenn die Gelatine aufgelöst ist, mit einem Esslöffel über die Kirschen träufeln. Im Kühlschrank erkalten lassen.

Tipp

Egal, was Sie zu essen mitnehmen, eine Speiseglocke sollten Sie immer dabei haben. Sie schützt alles vor lästigen Wespen oder sonstigen Insekten. Eine sehr hübsche aus lackiertem Metall habe ich bei Ikea gesehen.

Picknick im Schnee

Heißes für kalte Tage

Seit ein paar Tagen ist der kleine Teich unweit von Ihnen zugefroren. Die Landschaft ist ein Wintermärchen, für die nächsten Tage ist strahlende Sonne vorhergesagt. Das ist die Gelegenheit für eine Party der ganz besonderen Art. Ein Picknick im Schnee. »Bringt Kinder und Hunde mit. Wir wollen Eisstock schießen und Schlittschuh laufen«, teilen Sie Ihren Freunden mit, die gleich begeistert zusagen. Dass man sich warm anziehen soll, muss nicht erwähnt werden, das ist ja wohl selbstverständlich, aber dass es später zum Aufwärmen bei Ihnen zu Hause noch ein kleines Buffet gibt, sollten Sie schon sagen, damit Ihre Freunde sich darauf einstellen können.

Zu Beginn der Party im Schnee servieren Sie heiße Getränke, die in Thermoskannen mitgebracht werden. Für die Kinder heiße Zitrone mit Honig, für die Erwachsenen erst einmal Glühwein oder Sumadija-Tee, der mit Tee allerdings nichts zu tun hat. Es ist ein Gebräu aus Sliwowitz, Puderzucker und heißem Wasser. Ein Muntermacher! Aber auch Wodka und Bier sollten Sie dabeihaben. Getränke, Kuchen und was Sie sonst noch so mitnehmen, steht in Körben oder auf Platten auf von den Freunden mitgebrachten Schlitten.

Während die Ersten ihre Runden auf dem Eis drehen und andere bereits die Eisstöcke schwingen, erhitzen Sie auf einem Holzkohlenfeuer den mitgebrachten Eintopf. Angelockt vom Geruch der dampfenden Suppe werden Sie bald umringt sein von Ihren hungrigen und strahlenden Gästen, die dankbar sind für so ein seltenes Vergnügen. Nach einer erneuten Runde Sport gibt es einen Kuchen vom Blech, den man aus der Hand essen kann.

Wenn die Sonne untergeht, es zu dämmern beginnt und empfindlich kalt wird, helfen alle, die mitgebrachten Sachen in Ihrem Kofferraum zu verstauen. Dann geht es im Konvoi zu Ihnen nach Hause in die warme Wohnung, wo das bereits vorbereitete Buffet wartet. Eine Freundin wird Ihnen helfen, die noch kühl gestellten Speisen auf das Buffet zu stellen und eventuell die Hamburger fertig zu machen. Dann müssen Sie nur noch die Kerzen anzünden und den herrlichen Tag ausklingen lassen.

Da so ein Fest mit mindestens zehn, besser noch mehr Personen Spaß macht, braucht es einen Arbeitsplan, damit Sie nicht in Stress geraten.

Die Vorbereitungen

Einige Tage vorher: Die Freunde anrufen, wer an diesem Tag Lust und Zeit hat und vielleicht bei den Vorbereitungen helfen kann.

Drei Tage vorher: Holzkohle und einen Metallkorb auf einem hohen Gestell zum Erwärmen des Eintopfes besorgen (eventuell in einem Baumarkt). Mülltüten, Plastikbecher, Geschirr, Besteck und Papierservietten in einen großen Wäschekorb packen. Freunde bitten, alle verfügbaren Thermoskannen für die heißen Getränke vorbeizubringen. Einen Einkaufszettel machen.

Zwei Tage vorher: Alles Nötige einkaufen (vergessen Sie Ihren Zettel nicht!). Hasenterrine vorbereiten. Wenn Ihnen das zu viel Arbeit macht, können Sie auch als Alternative eine große Pastete fertig kaufen.

Einen Tag vorher: Die Terrine fertig machen, den Eintopf kochen und die Hamburger vorbereiten. Kühl stellen. Den Blechkuchen backen. Buffet vorbereiten, das heißt, Geschirr, Besteck, Gläser, Rotwein und Dekoration wie Kerzen und Blumen schon einmal hinstellen, Sie haben morgen noch genug zu tun.

Am Tag der Party: Die Hamburger braten, die dazugehörigen Soßen zubereiten und in Schälchen füllen. Den Salat waschen und gut abgetropft im Kühlschrank frisch halten. Hamburgerbrötchen und Brot einkaufen. Sollte das Fest an einem Sonntag stattfinden und in Ihrer Nähe kein Bäcker geöffnet haben, kaufen Sie diese Dinge eben am Vortag. Die heißen Getränke zubereiten und in die Thermoskannen füllen. Kennzeichnen Sie die der Kinder, sonst erwischen die den Sliwowitz! Kuchen in Folie packen. Bier und Weißwein für den Nachmittag kühl stellen. So, nun ist wirklich an alles gedacht. Wenn Sie dann nach Hause kommen, müssen Sie nur noch die Hamburger fertig machen, die kühl gestellten Speisen auf das Buffet stellen und die Kerzen anzünden. Sicher hilft Ihnen dabei eine Freundin oder die Kinder, dann ist in Windeseile alles erledigt, und Sie können den Ausklang eines wunderbaren Tages mit Ihren Freunden genießen.

Tipp

In einer fest verschlossenen Plastikschüssel hält sich der Salat im Kühlschrank tagelang.

Rezeptvorschläge für ein Picknick im Schnee

Sumadija-Tee

Für 15–18 Personen
Zubereitungszeit: ca. 15–20 Minuten

250 g Puderzucker
3 l Wasser
1 Flasche Sliwowitz

Den Puderzucker in einem großen Topf bei mittlerer Hitze schmelzen. Wenn er goldbraun ist, 1/4 l Wasser zugießen und mit einem Schneebesen so lange verrühren, bis er nicht mehr karamellisiert ist. Den Sliwowitz dazuschütten und erhitzen. Das restliche Wasser in der Zwischenzeit erhitzen, dazugeben, gut verrühren und allen sofort in die bereitgestellten Thermoskannen füllen.

Glühwein

Für 15–18 Personen
Zubereitungszeit: ca. 10 Minuten

4 Flaschen leichter Rotwein   4 Nelken
400 g Zucker   8 Scheiben Zitronen
1 Stange Zimt

Den Wein und alle Zutaten in einem großen Topf erhitzen, aber nicht kochen lassen. Wenn sich weißer Schaum bildet, abseihen und sofort in die Thermoskannen füllen.

Heiße Zitrone mit Honig

Für 15–18 Personen
Zubereitungszeit pro Kanne: ca. 5 Minuten

2 Zitronen
2 EL Honig

Pro Thermoskanne den Saft der ausgepressten Zitronen und den Honig mit heißem Wasser auffüllen.

Linseneintopf mit Räucherwurst und Speck

Für 15–18 Personen
Zubereitungszeit: 55–65 Minuten

1250 g getrocknete Linsen
4 Bund Suppengrün
2 große Zwiebeln
3 Knoblauchzehen (nach Belieben)
5 EL gekörnte Brühe oder 2 Brühwürfel
500 g geräucherter, durchwachsener Bauchspeck
    (in Bayern »Wammerl«)
15 geräucherte Würste (Mettenden oder Debreziner, Sie können
    natürlich auch Wiener Würstchen nehmen)
2–3 Gläser Rotwein
2 EL Majoran
Salz und Pfeffer

Früher musste man die Linsen einweichen, das ist heute nicht mehr nötig. Die Linsen also in einem großen Topf mit reichlich Wasser aufsetzen. Während das Wasser heiß wird, das Suppengrün klein schneiden, die Zwiebeln und den Knoblauch schälen und klein schneiden und zusammen mit der gekörnten Brühe oder dem Brühwürfel zu den Linsen geben und etwa 30 Minuten kochen lassen. Währenddessen den Speck von der Schwarte befreien, in mundgerechte Stücke schneiden und mit der Schwarte in die Suppe geben und mitkochen lassen.

    Wenn die Linsen noch ein wenig hart sind, die in Scheiben geschnittenen Würste, den Rotwein und den Majoran dazugeben und alles so lange kochen, bis die Linsen weich sind. Nun mit

Salz und Pfeffer abschmecken, die Schwarte herausnehmen und wegwerfen.

Variante: Als Alternative eignet sich auch eine Erbsensuppe oder ein Borschtsch (beide Rezepte im Kapitel »Suppenparty«, Seiten 164 f. und 168 f.).

Streuselkuchen

Vorbereitungszeit: ca. 40 Minuten
Backzeit: 20–25 Minuten

Für den Hefeteig:

750 g Mehl	2 Eier
40 g Hefe	eine Prise Salz
250 ml Milch	175 g Butter
125 g Zucker	

Für die Streusel:

375 g Butter	170 g Zucker
600 g Mehl	2 Päckchen Vanillezucker

Für den Hefeteig das Mehl in eine Schüssel geben, in die Mitte eine Kuhle drücken und die Hefe darin zerkrümeln. Die Milch erhitzen und auf die Hefe gießen, etwas Zucker darüberstreuen. Eier, Salz, Butterflocken und den restlichen Zucker auf den Mehlrand geben und von der Mitte aus alles zu einem festen Teig verkneten. Dann mit Mehl bestäuben und zugedeckt 20–25 Minuten gehen lassen. Dann noch einmal durchkneten und wieder 8–10 Minuten ruhen lassen. Dann auf die Breite des Backbleches ausrollen, das Blech mit einem Pinsel und Butter leicht einfetten, den Teig darauflegen und mit einer Gabel mehrmals einstechen.

Für die Streusel die Butter flüssig werden lassen. Etwas davon über den Teig streichen. Mehl, Zucker und Vanillezucker mit dem Rest der flüssigen Butter vermengen, bis Klümpchen entstehen. Diese über dem Teig verteilen und im vorgeheizten Ofen bei 200 °C 20–25 Minuten backen.

Rezeptvorschläge für das Buffet zu Hause

Hamburger

Für 15–18 Personen
Zubereitungszeit: 25 Minuten
Bratzeit für die vielen Hamburger: ca. 1–1,5 Stunden

3–4 alte Brötchen

2 kg gemischtes Hack

4 Zwiebeln

3 EL Ketchup

3 große Eier (wenn sie sehr klein sind, nehmen Sie 4)

Salz und Pfeffer

100 g Margarine

25 Hamburger-Brötchen (am Vortag beim Bäcker bestellen, sie
   selber zu backen, ist zu viel Arbeit, Sie haben genug zu tun!)

1 Kopfsalat

1 kg große Tomaten

Beilagen: Gewürzgurken, Mayonnaise, Hot Ketchup, angemach-
   ter Senf

Die alten Brötchen einweichen, dann gut ausdrücken und mit
dem Hack, den klein gehackten Zwiebeln, dem Ketchup, den
Eiern und Salz und Pfeffer zu einem festen Teig verkneten. Mit
feuchten Händen große, glatte Kugeln von etwa 10-12 cm Durchmesser formen, diese etwas flach drücken und in der heißen
Margarine von beiden Seiten gut durchbraten. Auf einem Küchenpapier abtropfen und auskühlen lassen. Bis zum nächsten
Tag kühl stellen.

Am Nachmittag, wenn Sie nach Hause kommen, kurz im Ofen oder der Mikrowelle anwärmen, nicht heiß machen. Die Hamburgerbrötchen aufschneiden, mit einem Salatblatt und einer Scheibe Tomaten belegen, darauf einen lauwarmen Hamburger, die Brötchen zuklappen und auf einer großen Platte auf das Buffet stellen. Daneben die Schalen mit Ketchup, Mayonnaise, Gewürzgurken und dem angemachten Senf.

Senf nach Alfons Schuhbeck

Für 15–18 Personen
Zubereitungszeit: ca. 5 Minuten

1 Glas Dijonsenf
1 Glas süßen Senf
2 Schalotten

Die zwei Gläser Senf mit den klein gehackten und angedünsteten Schalotten vermischen. Schmeckt köstlich zu den Hamburgern.

Warmer Zwiebelkuchen

Zubereitungszeit: ca. 50 Minuten
Backzeit: ca. 30 Minuten

Für den Hefeteig:

750 g Mehl	2 Eier
40 g Hefe	eine Prise Salz
250 ml Milch	175 g Butter

Für den Belag:

1 kg Zwiebeln	150 g saure Sahne
100 g geräucherter, durch-	4 Eier
wachsener Bauchspeck	1 EL Kümmel
(in Bayern »Wammerl«)	Salz und Pfeffer
30 g Butter	

Für den Hefeteig das Mehl in eine Schüssel geben, in die Mitte eine Kuhle drücken und die Hefe darin zerkrümeln. Die Milch erhitzen und auf die Hefe gießen. Eier, Salz und Butterflocken auf den Mehlrand geben und von der Mitte aus alles zu einem festen Teig verkneten. Dann mit Mehl bestäuben und zugedeckt 20–25 Minuten gehen lassen. Noch einmal durchkneten und wieder 8–10 Minuten ruhen lassen.

Den Teig dann auf die Breite des Backbleches ausrollen, das Blech mit einem Pinsel und Butter leicht einfetten, den Teig darauflegen und mit einer Gabel mehrmals einstechen.

Einen kleinen Rand hochdrücken. Die Schwarte vom Speck entfernen. Die geschälten und in Ringe geschnittenen Zwiebel mit dem klein geschnittenen Speck in der Butter glasig dünsten, vom Herd nehmen und abkühlen lassen. Sahne, Eier und Kümmel gut verschlagen, mit Salz und Pfeffer abschmecken, mit der Zwiebelmasse vermengen. Vorsicht mit dem Salz, der Speck salzt auch. Das Ganze auf dem Teig verteilen und im vorgeheizten Ofen bei 200 °C etwa 30 Minuten backen.

Tipp

Den Teig, die Zwiebeln und den Speck können Sie schon am Morgen vorbereiten, auch die Eiermasse. Dann brauchen Sie nur noch alles vermischen, auf den Teig geben und backen.

Hasenterrine

Für 15–18 Personen
Zubereitungszeit: ca. 2,5 Stunden
Auskühlzeit: über Nacht

2 Hasenrücken, gehäutet und ungespickt
1 Glas Cognac
500 ml Madeira
150 g Schalotten
50 g Butterschmalz
4 Lorbeerblätter
20 Wacholderbeeren
2 EL getrockneter Thymian
10 schwarze Pfefferkörner
250 g Kalbsleber
1 TL Sherryessig
1 TL geriebene Schale einer ungespritzten Orange
80 g getrocknete Steinpilze
500 g Schweinefleisch, mager
500 g fetter, ungeräucherter Speck
300 g fetter Speck in dünnen Scheiben
1 Blatt weiße Gelatine
3 TL Salz
3 TL grober schwarzer Pfeffer
zum Dekorieren Lorbeerblätter, Wacholderbeeren und Thymianzweige

Das Hasenfleisch mit einem sehr scharfen Messer von den Knochen lösen, in eine Schale legen, mit dem Cognac oder Weinbrand und 8 EL Madeira begießen, zudecken und ziehen lassen. Die Knochen mit einem Küchenbeil oder einer Geflügelschere zerkleinern, die Schalotten schälen und würfeln und beides in dem heißen Butterschmalz scharf anbraten. Lorbeerblätter, 10 Wacholderbeeren, 2 TL Thymian und Pfefferkörner zugeben, mit 2 l Wasser aufgießen und 1 Stunde ohne Deckel kochen lassen. Dann durch ein Sieb gießen und den Fond auf 125 ml einkochen lassen.

200 g Hasenfleisch und die Kalbsleber klein würfeln, mit dem Sherryessig, dem restlichen Thymian und der Orangenschale vermischen, zudecken und beiseitestellen. Die getrockneten Steinpilze in 125 ml Wasser einweichen, das restliche Hasenfleisch, Schweinefleisch und den ungeräucherten Speck in Würfel schneiden und jede Fleischsorte zweimal durch die feine Scheibe des Fleischwolfes drehen, beim Hasenfleisch die Cognac-Madeira-Beize zugeben. Zum Schluss die Steinpilze zusammen mit dem Einweichwasser durch den Fleischwolf drehen.

Die restlichen Wacholderbeeren im Mörser zerdrücken, mit Salz und grobem Pfeffer mischen. Das durchgedrehte Fleisch und die Pilze mit der Hälfte des Hasenfonds und der Wacholderbeermischung mit dem Schneidstab des Handrührgerätes gut vermischen. Dabei 3 EL Eiswasser zugeben. Zum Schluss die Hasenfleisch- und Leberwürfel unterheben.

Eine Steingutterrine mit Deckel mit dem hauchdünnen Speck auslegen, die Speckscheiben sollen über den Rand hinaushängen. Die Masse in die ausgelegte Terrine füllen und glatt streichen. Dann die überhängenden Speckscheiben darüber zusammenschlagen und den Deckel aufsetzen. Die Form auf die Saftpfanne des Backofens stellen, die mit heißem Wasser gefüllt und auf der unteren Einschubleiste des Ofens stehen soll. 30 Minuten bei 175 °C in Ofen garen, dann auf 150 °C herunterschalten und noch eine weitere Stunde garen. Den Ofen ausschalten und die Terrine noch 15 Minuten darin lassen. Dann herausnehmen und den Deckel abnehmen. Die Hälfte des flüssigen Fettes abgießen und die Terrine über Nacht erkalten lassen.

Am nächsten Tag den restlichen Hasenfond erhitzen und den restlichen Madeira zugießen. Die Gelatine in kaltem Wasser einweichen und in dem heißen Fond auflösen. Die Speckscheiben von der Terrine abheben und die Oberfläche mit Lorbeerblättern, Wacholderbeeren und Thymian dekorieren. Den Hasenfond mit einem Pinsel auftragen und erkalten lassen.

Die Terrine hält sich im Kühlschrank mindestens 3–4 Tage, was übrig bleibt, kann eingefroren werden. Dazu passen Weißbrot oder ein kräftiges Bauernbrot und...

Preiselbeersoße

Für 15–18 Personen
Zubereitungszeit: ca. 10 Minuten

1 Glas Preiselbeeren (400 g)
50 g frisch geriebener Meerrettich
3 EL scharfer Senf

Alle Zutaten miteinander verrühren und in eine kleine Schale füllen.

Dessert
Vanilleeis mit heißen Beeren

Für 15–18 Personen
Zubereitungszeit: ca. 10 Minuten

1 kg Vanilleeis
1 kg tiefgefrorene gemischte Beeren
100 g Zucker

Die Beeren, gleich wenn Sie nach Hause kommen, aus der Tiefkühltruhe nehmen, in einen Topf füllen und mit dem Zucker vermengen. Kurz bevor Sie das Eis portionsweise servieren, machen Sie die Beeren heiß und geben über jedes Schälchen eine kleine Schöpfkelle davon.

Osterfrühstück

Der Frühling ist da!

Ein opulentes Osterfrühstück ist für die ganze Familie ein großes Vergnügen. Oma und Opa kommen, und auch die nervige Tante Frieda darf wieder mal dabei sein. Schließlich ist sie die Erbtante und muss bei Laune gehalten werden.

Natürlich suchen die Kinder zuerst unter Anteilnahme der ganzen Familie die im Garten oder der Wohnung versteckten Ostereier, bevor man sich an dem österlich geschmückten Frühstückstisch niederlässt. Tagelang haben Sie und die Kinder gebastelt, Eier gefärbt und gebacken und das Haus mit köstlichen Düften gefüllt. Ein Hefekranz mit Speck und eine Hasenterrine (Rezept im Kapitel »Picknick im Schnee«, Seite 209) sind zubereitet worden, und als Eierbecher wird es selbst gebackene Hefebrötchen geben, die warm serviert und aufgegessen werden. Ein mit rosa Farblack besprühtes Körbchen, ausgelegt mit pinkfarbener Holzwolle, steht für die weich gekochten Eier bereit, und in einer großen Keksdose warten die Osterkekse darauf, verzehrt zu werden.

Für die österliche Dekoration haben Sie sich einiges ausgedacht. An der Lampe über dem Tisch hängt ein bunter Osterkranz, und auf dem Tisch stehen kleine, flauschig-gelbe Küken. In der Mitte des Tisches thront ein mit grünem Moos ausgelegter flacher Korb, in dem eine dicke Henne aus Stroh sitzt, umringt von bunt bemalten Eiern. Als Tischkarte ein hart gekochtes Ei in einem Eierbecher, auf dem Ei der Name des Gastes. Als Platzdeckchen haben die Kinder Lacksets gebastelt und am Vortag den Tisch zusammen mit Ihnen gedeckt. Nun sind Sie gespannt, was Oma, Opa und Tante Frieda dazu sagen werden.

Rezepte und Bastelideen für das Osterfrühstück

Lackset

Dazu brauchen Sie ein Stück Pappe, um eine Eischablone in einer Größe von etwa 45 x 30 cm auszuschneiden. Dann ein paar Meter Lackfolie in einer Farbe, die zu Ihrem Geschirr passt – nur nicht Weiß, das ist zu langweilig –, und ein etwa 4 cm breites Schleifenband. Die Pappschablone auf die Lackfolie legen und so viele Ostereier ausschneiden, wie Sie benötigen. Um die schmale Seite das Seidenband legen und auf der Rückseite zusammenkleben. Nun aus dem Seidenband eine Schleife binden und oben auf dem Band festkleben. Darauf stellen Sie dann das Frühstücksgedeck.

Set in Lackfolie

Osterkranz

Dazu brauchen Sie einen Strohkranz, pastellfarbene Blumen, Bänder und Schleifen, ein paar der Osterkekse und ausgeblasene, bunt bemalte Eier.

Den Stiel der Blumen nicht zu kurz abschneiden und rundherum in den Strohkranz stecken. Mit den pastellfarbenen Bändern umwickeln, Kekse und die Eier mit Bändern daran befestigen und über dem Tisch an die Lampe hängen.

Tipp
Seidenblumen sind nicht billig, deshalb wickeln Sie den Kranz nach Ostern vorsichtig in Seidenpapier und heben Sie ihn auf für das nächste Jahr.

Essbare Eierbecher

Für 6 Stück
Zubereitungszeit mit Backzeit: ca. 80 Minuten

250 g Mehl
125 g Weizenschrot
125 g Hirseflocken (gibt es im Reformhaus)
40 g Hefe
1 TL Zucker
100 g weiche Butter
1 TL Salz
2 Eigelb
1 TL Öl
Mehl zum Bestäuben

Zum Bestreuen:
Mohn, Kümmel, grobes Salz

Mehl, Schrot und Hirse vermischen. In die Mitte eine Kuhle drücken. Hefe und Zucker in 200 ml lauwarmem Wasser auflösen, in die Kuhle gießen und mit etwas Mehlmischung bestäuben. Butter und Salz dazugeben und alles zu einem festen Teig kneten. Zugedeckt ungefähr 25 Minuten ruhen lassen, bis der Teig aufgegangen ist. Dann auf einer mit Mehl bestreuten Arbeitsfläche zu einem Stück von etwa 35 x 35 cm ausrollen. Nun das Stück in etwa 2 cm breite Streifen schneiden, leicht mit Mehl bestreuen und zu Kordeln rollen. Aus jeweils drei Kordeln einen kleinen Zopf flechten, daraus ein Körbchen formen, in die Mitte eine Mulde drücken – dort soll später das Ei stehen.

Eigelb und Öl verrühren, die Hefebrötchen damit bestreichen und mit Mohn, Kümmel oder Salz bestreuen. Noch einmal zugedeckt 15 Minuten gehen lassen, dann bei 200 °C etwa 25 Minuten auf mittlerer Einschubhöhe backen. Lauwarm servieren.

Gebackener Eierbecher

Osterzopf mit Speck

Zubereitungszeit: ca. 1,5 Stunden
Backzeit: 35–40 Minuten

75 g durchwachsener Speck	60 g Hefe
75 g Zwiebeln	1 EL Zucker
50 g Schmalz	1 Eigelb
1 EL Kümmel	1 EL Öl
500 g Mehl	1 TL Salz
250 g Weizenschrot	Mehl zum Bestäuben
50 g Leinsamenschrot	

Den Speck fein würfeln, die Zwiebeln schälen, vierteln und in feine Streifen schneiden. Den Speck in dem Schmalz knusprig anbraten, die Zwiebeln dazugeben und mitbraten, bis sie goldbraun sind. Dann den Kümmel unterrühren und abkühlen lassen. Mehl, Schrot und Leinsamen vermischen, in die Mitte eine Kuhle drücken. Die Hefe und den Zucker in 500 ml lauwarmem Wasser auflösen und in die Kuhle gießen, mit etwas Mehl bestäuben. Das Salz und die Speck-Zwiebel-Mischung auf dem Rand verteilen und alles miteinander verkneten, bis ein elastischer Teig entsteht. Zugedeckt etwa 30 Minuten gehen lassen. Dann den Teig auf einer bemehlten Arbeitsfläche zu einem etwa 15 x 50 cm länglichen Stück ausrollen, längs in 3 Streifen schneiden und diese rollen. Auf einem Backblech aus den Rollen vorsichtig einen Zopf flechten. Passen Sie auf, dass der Teig nicht reißt. Eigelb und Öl verrühren und den Zopf damit bepinseln. Zugedeckt noch einmal 10–15 Minuten gehen lassen und dann bei 220 °C 35–40 Minuten backen. Ein Zopf ergibt ungefähr 25–30 Scheiben.

Osterkekse

Zutaten für ca. 65 Stück
Zubereitungszeit: ca. 2–3 Stunden

350 g Mehl	1 Prise Salz
1 Ei	2 Eiweiß
600 g Puderzucker	Mehl zum Ausrollen
200 g Marzipanrohmasse	Speisefarben und Zucker-
200 g Butter	blüten

Das Mehl auf die Arbeitsfläche häufen, in die Mitte eine Kuhle drücken und das Ei hineingeben. 100 g Puderzucker darübersieben. Das Marzipan klein würfeln, zerkrümeln und darüberstreuen. Auf den Mehlrand die Butter in Flöckchen verteilen, das Salz darüberstreuen und alles gut miteinander verkneten. Zu einer Kugel formen und zugedeckt 1 Stunde möglichst kühl stehen lassen.

Dann den Teig auf der bemehlten Arbeitsfläche dünn ausrollen, nicht dicker als 3 mm, Ei- und Tierformen ausstechen. Bei einigen mit einem Zahnstocher am Rand ein Loch hineinstechen, damit man zum Aufhängen ein Band durchziehen kann. Auf das mit Backpapier ausgelegte Backblech legen und nach und nach auf mittlerer Einschubleiste etwa 15 Minuten backen.

Den übrigen Puderzucker und das Eiweiß verrühren und in mehrere kleine Schälchen verteilen, mit den Speisefarben färben. Wenn die Kekse ausgekühlt sind, mit dem Guss überziehen und mit den Zuckerblüten verzieren.

Adventskaffee

Bald ist Weihnachten ...

Nichts ist gemütlicher, als in der Vorweihnachtszeit zu einem Adventskaffee eingeladen zu werden oder auch selbst einzuladen. An der Tür hängt ein Kranz, das Haus oder die Wohnung ist geschmückt mit Christsternen in allen Farben, und auf dem festlich gedeckten Kaffeetisch steht ein Adventskranz. Auf einer länglichen Platte liegt ein bereits aufgeschnittener Stollen, daneben eine Butterschale mit einem Buttermesser. Ich liebe Stollen mit Butter.

Tipp

Machen Sie sich nicht die Mühe, selbst einen Stollen zu backen. Es gibt sie in allen Variationen und erstklassiger Qualität fertig zu kaufen. Sollten Sie aber Spaß daran haben, es einmal zu versuchen, finden Sie auf Seite 227 in diesem Kapitel ein Rezept dafür.

Eine Silberschale ist gefüllt mit Weihnachtsgebäck, und auf einem Stövchen steht die Teekanne, daneben die Zuckerdose und ein Milchkännchen. Überall brennende Kerzen in weihnachtlich geschmückten Kerzenleuchtern. Den aus der Kälte kommenden Gästen steigt der Duft des frisch gekochten Kaffees in die Nase, und aus dem CD-Player erklingt leise Weihnachtsmusik. Wenn das einen nicht in eine wunderbare Stimmung versetzt, dann weiß ich wirklich nicht, was man noch tun sollte!

Basteln und Dekorieren

Adventskränze

Schon als Kind habe ich mich darüber geärgert, dass am ersten Advent nur eine Kerze angezündet werden durfte. Es gefiel mir einfach nicht. Und später fand ich die konventionellen Adventskränze langweilig. Deshalb habe ich meiner ungeheuer einfallsreichen Freundin Anke ein paar Ideen geklaut, die ich jetzt an Sie weitergebe.

Vorschlag 1

10 bis 12 unterschiedlich hohe Kerzen auf eine runde Holzplatte von etwa 30 cm Durchmesser kleben und drumherum mit Goldspray eingefärbte Nüsse aufhäufen. Sieht toll aus.

Vorschlag 2

Dieser Kranz ist für Leute, die Knoblauch lieben, es gern etwas rustikaler haben und deren gesellschaftliches Leben sich in der Wohnküche abspielt. Sie brauchen dafür ein rundes Korbtablett oder Holzbrett, 2–3 Knoblauchzöpfe, 500 g kleine rote Zwiebeln, Blumendraht und 4 dicke rote oder blaue Kerzen. Die Knoblauchzöpfe zu einem Kranz zusammenbinden. Die Zwiebeln mit dem Blumendraht zwischen die Knoblauchknollen stecken. Den Kranz auf den Korb oder das Holzbrett legen und in die Mitte die Kerzen stellen. Übrigens, Anke und ich zünden schon am ersten Advent immer alle Kerzen an. Schließlich sind wir erwachsen!

Vorschlag 3

Eine besonders schöne Variante eines Adventskranzes stammt allerdings von mir, ausgedacht für eine meiner Lifestyle-Sendungen bei TM3. Sie brauchen dafür einen Kranz aus Stroh (gibt es in Blumen- oder Bastelgeschäften), frisches Moos (entweder aus dem Wald oder aber von einem Gärtner), Blumendraht, 1 dicke rote Kerze, 6–8 kleine goldene Kerzen in Sternform, 6–8 gleich große Äpfel, 1 Eiweiß (es reicht für 15 Äpfel) und Zucker.

Und so wird es gemacht: Schütten Sie Zucker in einen tiefen Teller, dann bestreichen Sie die Äpfel mit Eiweiß und wälzen sie in dem Zucker, bis sie rundum damit bedeckt sind. Wenn an manchen Stellen der Zucker einfach nicht haften bleiben will, streichen Sie noch ein wenig Eiweiß darauf. Nun binden Sie mit dem Blumendraht das Moos um den Strohkranz, bis dieser ganz damit bedeckt ist. Auf dem Kranz verteilen Sie abwechselnd einen Apfel und ein goldenes Sternkerzchen. In die Mitte kommt die dicke rote Kerze. Es sieht entzückend aus!

Vorschlag 4
Für den Kranz an der Tür besprühen Sie einige Kiefernzapfen mit Autolack in Blau oder Rot, befestigen diese mit Blumendraht an einem fertig gekauften, nicht dekorierten Adventskranz und hängen ihn mit einer großen Schleife in der Farbe der Zapfen an Ihre Haustüre.

Vorschlag 5
Schmücken Sie einen Kerzenleuchter mit einem Gesteck. Pro Gesteck brauchen Sie einen Tannenzweig von etwa 15–20 cm Länge, 1–2 Efeublätter, 1 getrocknete Orangenscheibe, 1 Zimtstange und 1–2 gold gespritzte Walnüsse, Blumendraht und 3–4 cm breites, rotes Weihnachtsband. Die Orange in etwa 0,5 cm dicke Scheiben schneiden und 2 Stunden im heißen Ofen trocknen. Wenn sie ausgekühlt sind, mit Goldglitzer besprühen. Den Tannenzweig

und die Efeublätter mit Blumendraht zusammenbinden, Zimt-stange, Walnüsse und Orangenscheibe mit Blumendraht daran befestigen und mit einer Schleife aus dem Weihnachtsband am Kerzenleuchter befestigen.

Alle diese Vorschläge schmücken Ihr Haus bis nach Weihnach-ten.

Rezeptvorschläge für Weihnachtsgebäck

Vanillekipferl

Zutaten für ca. 130 Stück
Vorbereitungszeit: ca. 45 Minuten
Backzeit pro Blech: ca. 12–14 Minuten

300 g abgezogene Mandeln	1 Vanilleschote
300 g Mehl	300 g kalte Butter
140 g Zucker	2 Päckchen Vanillezucker und
eine Prise Salz	200 g Puderzucker zum
3 Eigelb	Wälzen

Die Mandeln durch die Mandelmühle drehen. Mehl auf die Arbeitsfläche schütten, in die Mitte eine Kuhle drücken und in diese Zucker, Salz, Eigelb und das Mark der Vanilleschote geben. Die gemahlenen Mandeln und Butterflöckchen auf dem Mehlrand verteilen und alles zu einem glatten Teig verkneten. Dann den Teig etwas ausrollen, in 3 etwa 30–35 cm lange Streifen schneiden und diese zu einer Rolle formen. 30 Minuten kühl stellen.

Das Backblech mit Backpapier auslegen. Nun aus jeder Rolle 30–35 Stücke schneiden, diese zu einer kleinen Wurst rollen und zu einem Kipferl formen. Mit etwas Abstand auf das Blech setzen und im vorgeheizten Ofen bei mittlerer Einschubleiste 12–14 Minuten backen. Sie sollten nicht braun werden. Zucker und Vanillezucker vermischen und die noch nicht ganz ausgekühlten Kipferl vorsichtig darin wälzen.

Schokoladenplätzchen

Zutaten für ca. 120 Stück
Zubereitungszeit: ca. 75 Minuten
Backzeit pro Blech: ca. 15 Minuten

250 g Haselnusskerne
250 g Mehl
250 g Butter
250 g Zucker
1 Ei
1 Prise Salz

1 Vanilleschote
2 TL Backpulver
40 g Kakaopulver
100 g Nussnougat
50 g Pistazien

Die Haselnüsse mahlen. Das Mehl auf die Arbeitsfläche geben und in die Mitte eine Kuhle drücken. Butter, Zucker, Ei, Salz und das Mark der Vanilleschote hineingeben. Auf dem Mehlrand Nüsse und Backpulver verteilen und darüber den Kakao sieben. Alles zu einem Teig verkneten. Den Teig in 7 gleich große Stücke teilen und jedes Stück auf der bemehlten Arbeitsfläche zu einer etwa 30 cm langen Rolle formen. Mindestens 1 Stunde kalt stellen.

Das Blech mit Backpapier auslegen und die Pistazien grob hacken. Jede Teigrolle in 18 Scheiben schneiden, dann zu Kugeln formen und in 2–3 cm Abstand auf das Blech setzen. Etwas flach drücken. Im vorgeheizten Backofen bei 175 °C auf mittlerer Einschubleiste etwa 15 Minuten backen. Dann auskühlen lassen.

Währenddessen den Nougat leicht erwärmen und in einen Spritzbeutel mit kleiner Lochtülle füllen, je einen Tupfer auf die Plätzchen geben und mit Pistazien bestreuen.

Zimtsterne

Zutaten für ca. 80 Stück
Zubereitungszeit: ca. 50 Minuten
Backzeit pro Blech: ca. 20 Minuten

6 Eiweiß
500 g Mandeln
500 g Puderzucker
abgeriebene Schale einer unbehandelten Zitrone
4 EL Zitronensaft
10 TL Zimt
etwas Nelkenpulver
Zucker und Mehl zum Ausrollen

Eiweiß steif schlagen, Mandeln mit der Schale durch die Mandelmühle drehen. Den gesiebten Puderzucker, Zitronenschale und
-saft unter das Eiweiß heben. 10 EL für den Guss beiseitestellen.
Nun Mandeln und Gewürze unter den Eischnee heben. Den Teig
auf die mit etwas Zucker und Mehl bestreute Arbeitsfläche geben
und leicht durchkneten. Die Arbeitsfläche mit einem Schaber
säubern und erneut mit etwas Mehl und Zucker bestreuen. Den
Teig etwa 0,5 cm dick ausrollen und Sterne ausstechen. Die
Zimtsterne auf das mit Backpapier ausgelegte Blech setzen, dünn
mit dem Zuckerguss bestreichen und im vorgeheizten Ofen auf
mittlerer Einschubleiste bei 150 °C etwa 20 Minuten backen.

Dresdner Christstollen

Vorbereitungszeit: ca. 45 Minuten (+ Ruhezeit über Nacht)
Backzeit: ca. 40 Minuten
Ruhezeit: ca. 2 Wochen

175 g geschälte Mandeln
100 g fein gewürfeltes Zitronat
100 g fein gewürfeltes Orangeat
175 g Sultaninen
100 g Korinthen
3 EL Rum
abgeriebene Schale einer ungespritzten Zitrone
1 Päckchen Vanillezucker
500 g Mehl
60 g Hefe
90 g Zucker
1 Prise Salz
125 ml Milch
250 g weiche Butter
150 g flüssige Butter zum Bestreichen
Puderzucker zum Bestäuben

Die Hälfte der Mandeln mahlen, die andere Hälfte grob hacken. Mit Zitronat, Orangeat, Sultaninen, Korinthen, Rum, Zitronenschale und Vanillezucker mischen und zugedeckt über Nacht stehen lassen.

Das Mehl in eine Schüssel geben, in die Mitte eine Kuhle drücken und die Hefe darin zerkrümeln. Etwas Zucker auf die Hefe streuen. Den restlichen Zucker und das Salz auf dem Mehlrand verteilen. Die Milch erwärmen und über die Hefe gießen, diese mit der Milch auflösen und alles zu einem Vorteig verkneten. Beiseitestellen und zugedeckt etwa 20 Minuten gehen lassen.

Dann die weiche Butter dazugeben, zu einem glatten Teig verkneten, mit Mehl bestäuben und noch einmal zugedeckt an einem warmen Ort 20 Minuten gehen lassen.

Nun die vorbereiteten Früchte unterkneten. Den Teig auf einer bemehlten Arbeitsfläche zu einem Rechteck von etwa 30 x 40 cm ausrollen und mit Wasser bepinseln. Von der Längsseite her zusammenrollen und mit einer Küchenrolle zusammendrücken. Den Stollen auf ein mit Backpapier ausgelegtes Blech legen und noch einmal etwa 20 Minuten gehen lassen. Dann im vorgeheizten Ofen auf der mittleren Einschubleiste 40 Minuten bei 200 °C backen.

Den heißen Stollen mit der flüssigen Butter bepinseln und mit Puderzucker bestreuen, bis er dick mit dem Puderzucker bedeckt ist. Den Stollen in Folie einwickeln und mindestens 2 Wochen ruhen lassen.

Es gibt eine Weihnachtsgans!

Die festliche Tafel

»Alle Jahre wieder« feiern wir Weihnachten, das Fest der Liebe und des opulenten Essens. Ein Christbaum muss her, wird je nach Geschmack bunt, gold oder silbern geschmückt und steht in der Wohnung, bis er anfängt zu nadeln und entsorgt werden muss. Noch wochenlang danach kann man nicht barfuß herumlaufen, weil irgendwo noch immer eine dem Staubsauger entkommene spitze Nadel darauf lauert, sich in den Fuß zu bohren. Vor vielen Jahren erklärte uns unser Sohn, er muss damals acht oder neun Jahre alt gewesen sein, er wolle den Weihnachtsbaum nicht mehr sterben sehen. Er wünsche sich dieses Jahr nichts weiter als einen Weihnachtsbaum mit Wurzeln, den wir dann im Garten einpflanzen könnten. Seitdem haben wir nie wieder einen geschlagenen Weihnachtsbaum gekauft.

In den meisten Familien ist es Tradition, am ersten oder zweiten Feiertag die Familie zu einem festlichen Mittagessen einzuladen. Meistens gibt es eine Gans, und ich freue mich das ganze Jahr darauf, weil mein Mann den besten Gänsebraten macht – und das auch nur an Weihnachten. Weder er noch ich kämen auf die Idee, im Laufe des Jahres eine Gans zu essen.

Während mein Mann in der Küche werkelt und bald ein köstlicher Duft durch das Haus zieht, dekoriere ich festlich den Tisch. Wie man einen Tisch richtig herrichtet, wissen Sie ja, es ist ausführlich im Kapitel »Geschirr, Besteck & Co« beschrieben. Auf rechteckige, rote Filzsets stelle ich mein weißes Porzellangeschirr. Kleine rote Christsterne in silbernen Einsatztöpfen (auch rote oder grüne Porzellan- oder Keramiktöpfe sind sehr hübsch) dienen als Menükartenhalter, und als Tischkarten dienen mit Zucker beklebte Äpfel (siehe im Kapitel »Adventskaffee«, Seite 222).

Aus grünem, festen Papier schneide ich kleine Blätter aus, auf denen mit Goldstift der Name des Gastes geschrieben ist, und klebe sie an den Stiel des Apfels. Das ist immer wieder ein überwältigender Erfolg. Statt roter Sets nehme ich auch manchmal eine bodenlange, dunkelgrüne Tischdecke und lege längs und quer über den Tisch ein etwa zehn Zentimeter breites rotes Seidenband. Das sieht toll aus und kann, genauso wie die Sets, auch bei anderen festlichen Anlässen benutzt werden.

Links neben den Tellern liegen die Servietten und auf dem Teller für jeden Gast ein kleines Geschenk, hübsch verpackt in grünes Papier und mit einer roten Schleife. Tante Frieda zum Beispiel bekommt dieses Jahr einen Lippenstift. Sie ist zwar über 80, findet aber immer noch, dass etwas Farbe im Gesicht sie attraktiver macht! Wenn Sie noch Platz auf Ihrem Tisch haben, stellen Sie die geschmückten, im Kapitel »Adventskaffee« auf Seite XXX beschriebenen Kerzenleuchter darauf.

Rezeptvorschläge für das Weihnachtsmenü

Vorspeise
Hechtmousse mit Tomaten-Estragon-Soße

Für 6 Personen
Vorbereitungszeit für das Mousse: ca. 15 Minuten
Vorbereitungszeit für die Soße: ca. 15 Minuten
Kochzeit für die Soße: ca. 10 Minuten

250 g Hecht- oder auch Steinbuttfilet
Salz und Pfeffer aus der Mühle
1 TL Zitronensaft
frisch geriebene Muskatnuss
1 großes Ei
1 Eiweiß von einem großen Ei
200 ml kühle Schlagsahne
Fett für die Förmchen

Die Fischfilets zerkleinern, mit Salz, Pfeffer, dem Zitronensaft und etwas Muskatnuss würzen. Das Ei und das Eiweiß zugeben und mit dem Schneidstab des Handrührgerätes pürieren. Stellen Sie die Schüssel am besten in Eiswasser, damit die Masse schön kühl bleibt. Dann für 10 Minuten in das Gefrierfach stellen. Anschließend die kalte Sahne mit den Quirlen des Handrührgerätes unterrühren und noch einmal 10 Minuten kalt stellen. 6 Förmchen à 125 ml Inhalt (wenn Sie die nicht haben, nehmen Sie kleine Tassen) innen gut einfetten, das Fischmousse gleichmäßig hineinfüllen.

Die Saftpfanne des Ofens mit Wasser füllen, die Förmchen

oder Tassen hineinstellen und in dem auf 200 °C vorgeheizten Ofen 20–25 Minuten pochieren. Erst 5 Minuten ruhen lassen und dann auf einen warmen Vorspeisenteller stürzen.

Mit der Tomaten-Estragon-Soße servieren.

Tomaten-Estragon-Soße

500 g reife Tomaten
50 g Schalotten
125 g kühle Butter
Salz und Pfeffer aus der Mühle
1 EL Zucker
2–3 EL trockener Wermut (am besten Noilly Prat)
½ Bund frischer Estragon (es geht auch getrockneter)

Die Tomaten brühen, häuten, entkernen und in Stücke schneiden. Schalotten schälen und fein würfeln, in 25 g Butter glasig andünsten, die Tomaten dazugeben und gut durchschmoren lassen. Dann mit dem Schneidstab des Handrührgerätes pürieren, mit Salz, Pfeffer, Zucker, Wermut und Estragon würzen und nach und nach die eiskalte Butter unterrühren. Über das noch warme Hechtmousse gießen und sofort servieren.

Hauptgericht
Klaus-Peters Weihnachtsgans

Für 6 Personen
Zubereitungszeit: ca. 1 Stunde
Garzeit: 3–4 Stunden

1 frische Mastgans,
   ca. 4–5 kg schwer,
   mit Innereien
1 Orange

scharfes Paprikapulver
Salz und Pfeffer
1/2 Flasche Bier

Für die Füllung:
1 altes Brötchen
1 Apfel
500 g Schweinemett
1 EL Majoran
Salz und Pfeffer

Für die Soße:
250 ml Geflügelfond
250 ml saure Sahne
1 Glas Rotwein
Salz und Pfeffer

Die Innereien und den Flomen (das ist das Fett) aus der Gans herausnehmen, das Fett klein schneiden, in die Saftpfanne geben und unten in den Ofen schieben.

Für die Füllung Herz und Leber klein schneiden, das Brötchen einweichen und dann ausdrücken, den Apfel reiben. Alles mit dem Mett zu einem Teig verkneten, mit Majoran, Salz und Pfeffer würzen. Beiseitestellen. Die Gans außen und innen waschen, mit Küchenpapier trocken reiben. Innen mit Salz und Pfeffer einreiben. Die geschälte Orange halbieren und die eine Hälfte in das Innere bis zum Hals durchschieben, dann die Füllung hineingeben und als Abschluss die zweite Hälfte der Orange dagegendrücken, damit die Füllung nicht austreten kann. Nun den Bauch mit einer dicken Nadel und weißem festen Zwirn zunähen und die Gans mit Salz und Paprikapulver rundherum gut einreiben.

Mit dem Rücken nach unten auf den Rost legen, auf der zweiten Einschubleiste von unten in den auf 200 °C vorgeheizten Ofen schieben und etwa 30 Minuten braten. Dann die Hitze auf 150 °C herunterschalten und die Gans mit kaltem Salzwasser begießen. Wenn sie beginnt braun zu werden, umdrehen, begießen und ab und zu mit einer spitzen Fleischgabel in das Fleisch stechen, damit das Fett gut ausbraten kann. Alle halbe Stunde umdrehen und begießen, auch mit dem inzwischen flüssig gewordenen Gänsefett in der Saftpfanne. Nach etwa 3,5–4 Stunden sollte die Gans gar sein. Das ist dann der Fall, wenn aus den Einstichstellen kein Blut mehr herauskommt. Für die letzten 15 Minuten den Ofen noch einmal auf 200 °C stellen, die Gans auf den Rücken drehen und mit einer halben Flasche Bier begießen. Dann wird die Haut besonders kross.

Für die Soße den Bratenfond aus der Saftpfanne entfetten und durch ein Sieb in einen kleinen Topf gießen, köcheln lassen. Den Geflügelfond, Rotwein und Sahne nach und nach zugeben, etwas einkochen lassen und mit Salz und Pfeffer abschmecken. Sie können aber auch nur den Bratenfond als Soße reichen.

Dazu reichen Sie entweder Salzkartoffeln oder Kartoffelknödel und Rotkohl (Rezept Seite 118)

Tipp

Füllen Sie das Gänsefett in Gläser und stellen Sie es in den Kühlschrank. Das ist ein köstlicher Brotaufstrich.

Dessert
Weincreme

Für 6 Personen
Zubereitungszeit: ca. 25 Minuten
Kühlzeit: ca. 1 Stunde

6 Blatt weiße Gelatine
4 Eigelb
120 g Zucker
2 Päckchen Vanillezucker
250 l Weißwein
abgeriebene Schale einer unbehandelten Zitrone
100 g Pistazien, gemahlen
375 ml süße Sahne

Gelatine in kaltem Wasser einweichen. Eigelb mit Zucker und Vanillezucker schaumig schlagen. Wein, Zitronenschale und die Hälfte der Pistazien unterrühren. Die Gelatine in ganz wenig heißem Wasser auflösen, unter die Eicreme rühren. Dann kühl stellen. Die Sahne steif schlagen und erst unter die Creme heben, wenn sie zu gelieren beginnt. Erst wenn sie fest ist, die restlichen Pistazien darüberstreuen.

Opa wird 80!

Zu Ehren des Geburtstagskinds

Opa ist noch ziemlich fit für sein Alter. Er war Professor der Anglistik, und sein Lieblingsspruch heißt: »Age is no excuse for getting old«, was auf Deutsch so viel heißt wie: Alter ist keine Entschuldigung, alt zu werden. Seit Oma tot ist, lebt er in einem schicken Seniorenheim. Neuerdings rennt er dreimal in der Woche ins Fitness-Studio, und der Verdacht liegt nahe, dass er einen Flirt hat. Er spricht nicht darüber, genauso wenig über sein Gehör, das Jahr für Jahr schlechter wird. Große Gesellschaften versucht er zu vermeiden, denn wenn um ihn herum lautes Stimmengewirr herrscht, versteht er gar nichts mehr.

Das erinnert mich an Heinz Rühmann, der bis zu seinem Tod in unserem Dorf lebte. Wir waren öfter zusammen bei gemeinsamen Freunden eingeladen, und wenn er seine amüsanten Geschichten erzählte und alle zuhörten, war er lebendig und voller Witz. Sobald aber alles durcheinanderredete, schaltete er ab. So ist es auch bei Opa.

Aus dem großen geplanten Fest ist nun ein Abendessen nur mit der Familie geworden. Es sind aber immer noch zwölf Personen, noch weniger einzuladen war einfach nicht möglich. Selbstverständlich darf auch Tante Frieda nicht übergangen werden, schließlich ist sie Opas ältere Schwester. Aber da alle um sein Problem wissen, werden sie nicht wie sonst durcheinanderbrüllen, um sich Gehör zu verschaffen, sondern leise und rücksichtsvoll sein. Jedenfalls haben sie es hoch und heilig versprochen!

Natürlich muss der Tisch besonders festlich gedeckt werden,

wie das geht, wissen Sie ja. In die Mitte des Tisches stellen Sie ein Blumengesteck mit seinen Lieblingsblumen. Es darf nicht zu hoch sein, damit alle am Tisch Sitzenden sich sehen können. Die Gläser müssen glänzen und das Silber, falls vorhanden, blank geputzt sein. Es ist schließlich ein besonderer Festtag.

Das Menü sollte festlich sein und auch aus Gerichten bestehen, von denen Sie wissen, dass Opa sie besonders schätzt. Überraschen Sie ihn nicht mit etwas zu Exotischem, das mögen ältere Herrschaften gar nicht. Es darf auch nicht zu schwer sein, ältere Menschen können danach schlecht schlafen. Bereiten Sie das Essen so weit vor, dass es nur noch von einer Bedienung serviert werden muss und Sie nicht dauernd in der Küche stehen müssen.

Das Geburtstagskind hat einen Ehrenplatz am oberen Ende des Tisches. Fragen Sie ihn, wen er als Tischdame haben möchte. Mit Sicherheit will er nicht neben Tante Frieda sitzen. Die redet ständig von früher und will ihn immer noch erziehen. Das macht ihn wahnsinnig. Und machen Sie dann eine Tischordnung mit Tischkärtchen (Vorschläge im Kapitel »Ein Essen für vier bis zehn Personen«, Seite 114 f.). So weiß jeder, wo er sitzt, und es entsteht keine große Unruhe, wenn man zu Tisch geht.

Wenn der Jubilar ankommt, müssen schon alle anderen Gäste da sein und ihn mit einem laut gesungenen »Happy Birthday, lieber Opa« begrüßen. Dann stecken Sie ihm eine Nelke ins Knopfloch, servieren zum Aperitif Champagner und kleine Kanapees (Rezepte zur Begrüßung und für einen Aperitif in den Kapiteln »Cocktailparty«, Seite 40 ff., und »Gartenparty«, Seite 173 ff.) und spätestens 30 Minuten später beginnt das festliche Mittags- oder Abendessen. Ich bin sicher, Opa wird es genießen!

Menüvorschlag für den runden Geburtstag

Vorspeise
Entenbrustfilet auf Feldsalat

Für 12 Personen
Zubereitungszeit: ca. 20 Minuten

600 g magere Entenbrustfilets
Salz und Pfeffer aus der Mühle
1 Tasse Öl
400 g Feldsalat
8 EL Rotweinessig
1–2 EL rosa Pfefferkörner

Die Entenbrustfilets in feine Streifen schneiden, salzen und pfeffern und in etwas Öl in der Pfanne etwa 12 Minuten und rundherum braun braten, auskühlen lassen. Den Feldsalat gründlich waschen und gut trocken schütteln. Auf zwölf Vorspeisentellern anrichten. Aus dem restlichen Öl, Essig, dem Bratenfond und den in einem Mörser zerstoßenen rosa Pfefferkörner eine Salatsoße rühren. Die Entenbrust auf den Salattellern verteilen und darüber die Salatsoße träufeln.

Tipp
Lässt sich gut am Nachmittag vorbereiten, nur die Soße erst kurz vor dem Servieren darübergeben.

Zwischengang
Kürbiscremesuppe mit Hummer

Für 12 Personen
Zubereitungszeit: ca. 40 Minuten

1 gekochter Hummer
1 kleiner Kürbis
500 ml Orangensaft
2 EL gekörnte Brühe
200 g süße Sahne

200 g Crème fraîche
Hot-Sour-Soup-Gewürz
  (aus dem Asialaden)
Salz und Pfeffer

Das Hummerfleisch aus dem Panzer und den Scheren lösen und in 12 kleine Stücke schneiden. Das Kürbisfleisch in kleine Stücke schneiden, mit 500 ml Wasser, dem Orangensaft und der gekörnten Brühe so lange kochen, bis der Kürbis weich ist. Etwas auskühlen lassen und mit dem Pürierstab pürieren. Nun Sahne und Crème fraîche unterrühren, noch einmal aufkochen lassen. Wenn die Suppe zu dickflüssig ist, noch etwas Wasser zugeben. Mit der Hot-Sour-Soup nach Geschmack schärfen und mit Salz und Pfeffer würzen. Den Hummer in die zwölf Suppenteller verteilen und mit der heißen Suppe aufgießen.

Tipp
Auch dieses Gericht können Sie schon am Nachmittag vorbereiten.

Hauptgericht
**Tafelspitz mit Rahmspinat,
Semmelkren und Bouillonkartoffeln**

Für 12 Personen

Tafelspitz
Zubereitungszeit: ca. 20 Minuten
Marinierzeit: 24 Stunden

3 Zwiebeln
2 Bund Suppengrün
4 Tomaten
2 Knoblauchzehen
3,5 kg Tafelspitz

4 Lorbeerblätter
1 Bund frischen Kerbel
1 Bund frischen Liebstöckel
2 EL weiße Pfefferkörner
Salz

Die ungeschälten Zwiebeln halbieren, Suppengrün und Tomaten würfeln, Knoblauch schälen und in Scheiben schneiden. Diese Zutaten zusammen mit dem Tafelspitz, den Lorbeerblättern, Kräutern und Pfefferkörnern in eine große Schüssel geben, mit Wasser bedecken und 24 Stunden im Kühlschrank marinieren. Am nächsten Tag den Tafelspitz mit der Marinade in einem großen Topf auf den Herd stellen, noch 2 l Wasser und 2 EL Salz zugeben und 2,5–3 Stunden köcheln lassen, bis das Fleisch weich ist.

Semmelkren (Meerrettichsoße)

Zubereitungszeit ohne Einkochzeit: ca. 15 Minuten

1 l der Tafelspitzbrühe
3 alte Brötchen
2 Bund Schnittlauch
4–5 EL frischer Meerrettich

1 TL Zucker
etwas Weißweinessig
Salz

1 l der Tafelspitzbrühe auf die Hälfte einkochen lassen. Die Brötchen von der Rinde befreien und klein würfeln. So viel davon in die eingekochte Brühe rühren, bis die Masse cremig ist. Den in Röllchen geschnittenen Schnittlauch und den geriebenen Meerrettich unterrühren. Mit Zucker, ein paar Spritzern Weißweinessig und Salz abschmecken.

Bouillonkartoffeln

Zubereitungszeit: ca. 25 Minuten

2 kg Kartoffeln
350 g Möhren
350 g Sellerie
restliche Tafelspitzbrühe

Salz
2 Bund glatte Petersilie
1 Bund Liebstöckel
ca. 30 g Butter

Kartoffeln schälen und würfeln, Möhren und Sellerie putzen und würfeln. Alles in einen Topf geben, mit der restlichen Tafelspitzbrühe bedecken, salzen und in etwa 25 Minuten gar kochen. Die gehackten Kräuter und die Butter unter die Kartoffeln heben.

Rahmspinat

Auftauen: ca. 20 Minuten
Zubereitungszeit: ca. 5 Minuten

3 Päckchen Rahmspinat,
   tiefgekühlt
200 g süße Sahne

2 Knoblauchzehen
   (nach Belieben)
Salz und Pfeffer

Den Spinat tiefgefroren in den Topf geben, mit geschlossenem Deckel auf kleiner Flamme auftauen. Die Sahne unterrühren, den durch die Presse gedrückten Knoblauch dazugeben und mit Salz und Pfeffer abschmecken.

Dessert
Portweinbirnen mit Sahne

Für 12 Personen
Zubreitungszeit: ca. 15 Minuten

6 große Birnen
1 Flasche Portwein
500 ml süße Sahne

1 Päckchen Vanillezucker
1 EL Birnenschnaps

Die Birnen schälen, halbieren und entkernen. Die Birnen im kochenden Portwein etwa 10 Minuten pochieren, abkühlen und zugedeckt im Kühlschrank ziehen lassen. Die Sahne mit dem Vanillezucker steif schlagen und den Birnenschnaps unterrühren. Je eine Birnenhälfte auf einem Dessertteller anrichten, 2–3 EL Portwein darübergeben und mit der Schlagsahne servieren.

Was soll ich bloß mitbringen?

Es hat sich seit einigen Jahren eingebürgert, zu einer Einladung ein Geschenk mitzubringen. Das ist manchmal äußerst mühsam, weil man entweder keine Zeit hat, etwas zu besorgen oder einem einfach nichts einfällt, was man schenken könnte. Das wird wohl auch der Grund sein, dass Gäste manchmal Sachen mitbringen, über die man sich, gelinde ausgedrückt, nur wundern kann. Mein Freund Uli nennt das Wanderpokale, was bedeutet, dass sie in einer Kiste landen, um bei der nächsten Einladung „weiterzuwandern". Meiner Nachbarin Eike ist Folgendes passiert: Sie verschenkte an ihre Freundin Carla ein Kresseschwein aus Keramik. Es hatte an seinem Ringelschwanz einen winzigen, kaum sichtbaren Fehler. Nach einer Weile sah sie es in der Küche von Karin und nicht viel später erkannte sie es bei Inge wieder. Ein paar Monate später bekam sie es von Isabel zurück und Caria sagte: »Ach, so ein Kresseschwein hast du mir doch auch mal geschenkt!« Dazu fiel Elke nun nichts mehr ein! Mir fällt es ehrlich gesagt schwer, etwas, was mir nicht gefällt, weiterzuverschenken. Zu meiner Schande muss ich gestehen, dass ich es einmal, aber wirklich nur ein einziges Mal, gemacht habe. Zu einem Nikolaus-Lady's-Lunch sollte jeder ein Geschenk mitbringen und diese wurden wiederum später vom Nikolaus wahllos unter den Gästen verteilt. Ich war gerade im Abgabestress meines ersten Romans und hatte überhaupt keine Zeit, etwas zu besorgen. Was sollte ich bloß mitbringen? Da fiel mir ein besonders hässlicher Aschenbecher ein, der seit unserem letzten Abendessen irgendwo herumstand. Das war die Gelegenheit,

ihn los zu werden. Bildschön verpackt mit einer riesigen Schleife sah mein Geschenk gar nicht so übel aus. In der Hoffnung, es
nie wieder zu sehen, versenkte ich das Päckchen im Sack des
Nikolaus‹. Ich erstarrte, als meine Tischnachbarin rief: »Sieh
mal Maja, wie hübsch, mal sehen was drin ist«. Und dann:
»Meine Güte, das ist ja scheußlich!« Meine Empörung war nicht
gespielt!

Ich habe ein paarmal versucht, die »Geschenkeflut« zu stop-
pen und meine Freunde gebeten nichts mitzubringen. Es hat
nichts genutzt. Auch Sie, liebe Leserinnen und Leser, werden mit
Sicherheit weiter im Geschenke-Stress sein. Deshalb jetzt ein
paar nützliche Tipps: Oberstes Gebot ist – die Geschenke dürfen
nicht zu teuer sein, sonst fühlen sich die Gastgeber verpflichtet,
das nächste Mal bei Ihnen etwas ähnlich Teures mitzubringen.
Jede Gastgeberin freut sich über Blumen, aber nicht bei großen
Einladungen, da könnten ihr die Vasen ausgehen. Bei solchen
Gelegenheiten empfiehlt es sich, die Blumen mit ein paar netten
Zeilen vorher oder ein paar Tage nach dem Fest zu schicken. Eine
Flasche Wein, Champagner oder etwas anderes Trinkbares ist ein
beliebtes Mitbringsel, auch ein gutes Buch, eine schöne Creme,
ein Parfüm, eine CD oder DVD kann jeder gebrauchen. Ich habe
eine Liste von Freunden, denen ich mit einem Glas meines selbst
gemachten Schmalzes, selbst gemachter Marmelade oder einem
selbst gebackenen Kuchen die größte Freude mache. Bei Gol-
fern bieten sich ein paar Golfbälle die verliert man nämlich dauernd –, ein Golfhandschuh oder -handtuch an. Lassen sie die
Wanderpokale in der Kiste. Ein erfahrener Partygänger erkennt
so etwas sofort.

Tipp

Stecken Sie ein Kärtchen mit Ihrem Namen an das Geschenk, damit die Gastgeber wissen, was von wem ist.

Bei sehr großen Festen wie runden Geburtstagen ist es sehr praktisch, sich mit ein paar Freunden zusammenzutun und ein Gemeinschaftsgeschenk zu machen. Jeder fünfzigjährige Golfer freut sich über einen Elektro-Trolly, ein Jäger vielleicht über ein neues Gewehr und ein Sportler über ein schickes Mountainbike. Bei Hochzeiten ist es üblich, in ein paar Geschäften der Stadt eine Geschenkliste auszulegen. Darauf stehen Dinge in jeder Preislage, die das Brautpaar sich wünscht und vor allem braucht. So ist man davor gefeit, von der Erbtante ein scheußliches Gemälde zu bekommen, das jedes Mal, wenn diese zu Besuch kommt, aus dem Keller geholt und aufgehängt werden muss. Wenn Sie zu einer Einladung aber nun mal nichts mitbringen, wird Ihnen das kein Gastgeber übel nehmen. Sie sind ja nicht eingeladen worden, um etwas zu schenken. Allein Ihre Anwesenheit ist ein Geschenk für ihn, sonst würde er Sie ja nicht bitten zu kommen. Es genügt, wenn Sie lustig und unterhaltsam sind und zu dem Mittag- oder Abendessen auf Ihre Weise etwas beitragen. Aber über eines freut sich wirklich jeder: Wenn ein Gast sich an den folgenden Tagen mit einem Anruf, mit Blumen oder ein paar Zeilen bedankt.

»Goldene Regeln«
für Gastgeber und Gäste

10 goldene Regeln für die Gastgeber

1. Mit allem fertig sein, bevor die Gäste eintreffen.

2. Auf keinen Fall entnervt und gestresst die Gäste begrüßen.

3. Mit keinem Wort erwähnen, wie anstrengend die Vorbereitungen für Sie waren und dass Sie völlig fertig sind.

4. Zu einem kleinen Essen bloß keine Leute einladen, die sich nicht ausstehen können oder gerade fürchterlich verkracht sind.

5. Die Gäste, die sich nicht kennen, einander vorstellen.

6. Bei notorischen Witze-Erzählern lachend sagen: »So, einen darfst du noch, dann würde ich gern wissen, wie euer Urlaub war« (oder etwas Ähnliches). Das Gleiche gilt bei Gästen, die langweilige Monologe halten.

7. Wenn einer anfängt, über Krankheit oder Tod zu sprechen, unterbrechen Sie ihn gleich und sagen Sie: »Bitte, du hast dafür fünf Minuten. Ich habe nicht gekocht, um deprimiert zu sein.« Das Gleiche gilt für Politik. Dieses Thema kann näm-

lich nicht nur einen ganzen Abend, sondern auch Freund-
schaften zerstören.

8. Bösartiges Gerede über nicht anwesende Gäste sofort unterbrechen. Es fällt nur auf Sie zurück. Später hören diese nämlich: »Bei den Hubers ist das und das über euch gesagt worden.« Und Sie wundern sich, dass die Meiers Sie nicht mehr
grüßen!

9. Falls bei einem Abendessen die engagierte Hilfe nicht erscheint, bitten Sie einen weiblichen Gast (aber wirklich nur
einen!), Ihnen zu helfen. Nichts ist schrecklicher, als wenn alle
aufspringen und die Teller einzeln in die Küche schleppen.

10. Sollten Sie Raucher am Tisch haben, fragen Sie die Gäste, ob
der Rauch sie stört. Wenn ja, bitten Sie Ihre Freunde, auf dem
Balkon oder vor der Tür zu rauchen.

10 goldene Regeln für die Gäste

1. Zu einem gesetzten Essen darf man nicht zu spät kommen. Allerhöchstens 15 bis 20 Minuten. Mehr als eine halbe Stunde ist ausgesprochen unhöflich. Aber gar nicht zu erscheinen ist der Gipfel der Unverschämtheit! Auch ein paar Stunden vorher abzusagen, macht die Gastgeber nicht gerade fröhlich. Der Grund muss schon triftig sein, sonst macht man sich ziemlich unbeliebt.

2. Nicht nach dem Dessert aufspringen und sagen: »Tut mir leid, ich muss jetzt gegen, ich muss morgen früh raus.« Das sprengt jede gemütliche Runde. Allerdings sollte man auch nicht bleiben, bis den Gastgebern vor Müdigkeit die Augen zufallen. Anders bei einer Cocktailparty: Da kann man kommen und gehen, wann man will, sogar, ohne sich groß zu verabschieden – allerdings möglichst nicht als Letzter, das ist uncool! Am nächsten Tag ruft man den Gastgeber an und entschuldigt sich mit ein paar netten Worten: »Ich wollte kein Partykiller sein, deshalb bin ich leise verschwunden. Mein kleiner Hund musste nämlich dringend raus«, oder etwas Ähnliches. Es kann glatt gelogen, muss aber glaubwürdig sein!

3. Bei einem Abendessen nicht sagen: »Ich bin gerade auf Diät«, und im Essen herumstochern. Das mag nun wirklich niemand, der für andere gekocht hat!

4. Ein Gast muss zur Unterhaltung beitragen, dann wird er gern wieder eingeladen. Allerdings sollte er keine Monologe halten

oder ununterbrochen Witze erzählen. Auch seine geschäftlichen und amourösen Erfolge interessieren nur am Rande. Die anderen Gäste haben sicher auch etwas zu erzählen.

5. Nicht über abwesende Bekannte oder Freunde herziehen.

6. Wenn Sie eingeladen werden, nicht erst fragen: »Wer kommt denn noch?«, bevor Sie zusagen. Das hasst jeder Gastgeber.

7. Wenn Sie der einzige Raucher sind, sollten Sie sich das Rauchen entweder verkneifen oder dazu auf den Balkon gehen.

8. Jeder Gastgeber freut sich, wenn die Gäste sich an einem der folgenden Tage bedanken. Das kann man telefonisch, schriftlich oder über Fleurop mit Blumen tun.

9. Zu kleineren Einladungen nie jemanden mitbringen, ohne vorher zu fragen.

10. Vergessen Sie nicht, die Gastgeber gelegentlich auch einmal einzuladen, sonst fliegen Sie von der Liste. Das garantiere ich Ihnen!

Sachregister

Abend 162, 171
Absagen 9, 33f.
Adventskranz 220ff.
Aschenbecher 28

Badezimmer 11, 100
Basteleien für Ostern 214
Begrüßung der Gäste 39
Begrüßungsdrink 171
Besteck 18f.
  Fisch- 23
Blumen 20, 86, 100, 131,
  237
Buffet 46ff., 72f., 170, 197f.

Caterer 34f., 72
Checkliste 12, 39, 73, 115
Chef 9, 68
Countdown 38

Dekantieren 100
Dekoration 20, 68, 170, 198
Diner dancent 67
Discjockey 67, 69
Dresscode 10, 75, 93

Eierbecher 213, 216
Einladung 10, 31, 34, 66f.
  –, schriftliche 9, 33, 67, 75,
  92, 113
  –, telefonische 9, 33, 113
  -karten 9
  per E-Mail 9, 33
  per Fax 9, 33
  -verpflichtungen 31

Garderobe 28, 37
Garten 170, 213
Gäste 25, 31f., 47, 75
  Begrüßung 39
  Vorstellen 39
Gastgeberbuch 12f.
Geschäftsfreunde 9, 68
Geschirr 18, 23, 229
  Grundausstattung 23
  -verleih 36, 47
Getränke(auswahl) 26, 38,
  100, 171
Gläser 19, 21, 24
  Grundausstattung 23
Grill 189

Hausmannskost 113
Hilfe 11, 36f., 73

Kaffee 76, 86
Kerzen 12, 20, 39, 86, 100,
   115, 198f., 220
Kinder 37, 170, 197, 213
Kostenvoranschlag 35, 68
Küche 35, 46, 100

Menge der Zutaten 115,
   130
Menükarten 114
   -halter 114, 130, 230
Mittag 149, 162, 171, 229
Mitternachtssuppe 66f., 73
Musik 66f., 69

Nachmittag 86, 171

Osterkranz 213, 215
Ostern 213
   Basteleien 214

Picknickkorb 189
Platz(bedarf) 25, 32
Platzdeckchen 213
Portionen 48
Probeessen 68f.

Salz und Pfeffer 19, 100,
   189
Schlafzimmer 28
Servietten 11, 19
   Papier- 11
   Stoff- 11, 18, 86, 100, 114,
   131
Sets 18, 214, 229
Sitzgelegenheit 31, 47, 75
Spaghettata 127
Spaghetti al dente 129
Stehempfang 69
Supermarkt 27, 70, 73

Tanzfläche 67f.
Tee 92f.
   -service 92f.
Teller 18f.
Termin 33
Thermoskanne 86, 189,
   197f.
Tischkärtchen 69, 114, 131,
   150, 213, 230, 237
Tischordnung 68, 114, 149f.,
   237
Toilette 11f., 100
Trinkgeld 37

U.A.w.g. 10, 75

Vorbereitung, rechtzeitige 12, 36, 47, 113f., 129, 163, 170f., 198f.
Vorstellen der Gäste 39

Wäschekorb 189
Weihnachten 220, 229

Wein 26, 28
Wochenende 33, 38, 68, 74, 162

Zeit 31, 46, 68, 74, 86, 149, 162, 171

Rezeptregister

Aprikosenkuchen mit Thymian 97
Auberginenmousse 138
Avocadosoße 52

Baguette-Sandwiches 195
Baisers, gefüllte 96
Bananen und Ananas im Speckmantel 42
Bärlauch-Kartoffel-Suppe 116
Bärlauchpesto 140
Beeren, gemischte, in Schlagsahne 158
Birne Helene 111
Birnen in Ahorn-Gelee 155
Birnen mit Gorgonzolacreme 108
Boeuf Stroganow 110
Bohnensalat, gemischter, mit Kapern und Zitrone 151
Borschtsch 168
Bouillonkartoffeln 241
Bouletten 77
Bratkartoffeln 59

Cheesecake, American 83
Chicorée-Avocado-Salat 181
Chicoréesalat 109
Chicoréesalat mit Currysoße 49
Chili con Carne 58
Chiliöl 140
Christstollen, Dresdner 227
Crema di Lampone 145
Creme, bayerische 126

Devonshire-Creme 95

Eierbecher, essbare 216
Eierplatte mit zwei Dips 52
Eisbergsalat, bunter 54
Entenbrustfilet auf Feldsalat 238
Erbsensuppe 164
Erdbeerbowle 173
Erdbeeren mit Sahne und Baiser 123
Erdbeer-Schokoladen-Torte 90

Feldsalat mit Pilzen 124
Feldsalat mit Speck und
    Croutons 105
Fischauflauf 106
Fleischpflanzerl 77
Frikadellen 77

Garnelen in Kokossoße 153
Geflügelsalat 51
Gemüse, frisches, mit Quark-
    dip 193
Gemüsesuppe 184
Glühwein 201
Griesnockerln mit Mohnbrö-
    sel 119
Grütze, rote, mit Vanillesoße
    64
Guacamole 30
Gulaschsuppe, ungarische 82

Hackbällchen, garnierte, mit
    Mixed Pickles 191
Hackepeter 80
Hamburger 205
Hasenterrine 209
Hechtmousse mit Tomaten-
    Estragon-Soße 231
Huhn Diavolo 57
Hühnerkeulen in Portwein
    160

Hühnersuppe mit Curry und
    Kokosmark 166

Kalbgeschnetzeltes 56
Kanapees aus Vollkornbrot
    oder Toastbrotscheiben 40
Karamel-Apfel-Tarte 89
Kartoffelsalat mit Speck 78
Käsekuchen 88
Käseplatte 65
Kastanien mit Hackepeter 41
Kirschtartelettes 196
Königsberger Klopse 121
Kürbiscremesuppe mit
    Hummer 239

Lammcurry mit Gemüse 182
Linseneintopf mit Räucher-
    wurst und Speck 202

Mascarpone-Creme 147
Matjessalat 55
Meerrettichsoße 241
Mousse au Chocolat 63, 85
Mozzarella mit Basilikum
    132

Nudelsalat, kalter, mit
    Thunfisch 194

Obstsalat mit Crème fraîche 62

Osterkekse 219

Osterzopf mit Speck 218

Paprika-Mozzarella-Salat 102

Pasta Frolla 148

Penne alla puttanesca 61

Peperonata siciliana 134

Pfannkuchen mit Pflaumenkompott und Crèmefraîche-Sahne 186

Pflaumenkompott 187

Portweinbirnen mit Sahne 242

Preiselbeersoße 212

Quarkdip 29

Rahmspinat 242

Räucherlachs auf Salatblättern mit Joghurt-Pfeffer-Soße 79

Remouladensoße 52

Rindsrouladen mit Rotkohl und Kartoffelbrei 117

Roastbeef mit Bratkartoffeln und Remouladensoße 59

Rollspießbraten 178

Rotkohl 118

Rucolasalat mit Cocktailtomaten und Parmesan 50

Salat aus dicken weißen Bohnen mit Thunfisch 133

Salat mit Kirschtomaten und Büffelmozzarella 159

Salatblätter, gefüllte, mit Dip 174

Salatröllchen mit Braten 43

Sandkuchen 98

Sandwiches, kleine, aus Toastbrot 94

Schinken mit Melone 120

Schokoladenplätzchen 225

Schweinefilet, gratiniertes, mit Kräutern 157

Scones mit Devonshire-Creme und Konfitüre 95

Semmelkren 241

Senf nach Alfons Schuhbeck 206

Senfeier 125

Sommersalat, bunter, mit Fetakäse 176

Spaghetti aglio, olio e peperoncino 139

Spaghetti al pesto 140

Spaghetti all'arrabbiata 103

Spaghetti bolognesi alla Mama
143
Spaghetti mit Pilzen 141
Specktaschen 44
Spirale 173
Stachelbeerkuchen 84
Steuselkuchen 204
Stracciatella-Eis mit heißer
Espresso-Schoko-Soße 161
Sumadija-Tee 200

Tafelspitz mit Rahmspinat,
Semmelkren und Bouillon-
kartoffeln 240
Tartar auf Kartoffelchips 45
Thaicocktail 156
Tomaten-Estragon-Soße 232
Tortillas mit Guacamole
192

Vanilleeis mit heißen Beeren
212
Vanilleeis mit Kürbiskernöl
104
Vanillekipferl 224
Vitello tonnato 136

Wassermelone, gefüllte 188
Weihnachtsgans, Hanns-
Peters 233
Weincreme 235
Wurstbrettl 81

Zabaione 146
Zimtsterne 226
Zitrone, heiße, mit Honig 201
Zucchinicarpaccio 135
Zwiebelkuchen, warmer 207
Zwiebeln in Rotwein 180